सुन्दर काण्ड

সুন্দর কাণ্ড

Sundar Kanda

Translated by

स्वामी सत्यानन्द सरस्वती

Swami Satyananda Sarawati

Shree Maa

Devi Mandir Publications

Sundar Kāṇḍa, First Edition, 1997
Sundar Kāṇḍa, Fifth Edition, 2010

Published by
Devi Mandir Publications
5950 State Highway 128
Napa, CA 94558 USA

www.shreemaa.org
email: swamiji@shreemaa.org

ISBN 1-877795-73-9

Table of Contents

श्री रामचरितमानस

सुन्दर काण्ड Sundar Kaṇḍa সুন্দর কাণ্ড

Introduction

The story of the Rāmāyaṇa is both the history of a perfect King and a depiction of the perfect role models in every relationship. The king was endowed with immeasurable qualities, which he consistently used for the good of all. He had great strength, nobility, was proficient in the use of all weapons, was possessed of superior intelligence and discrimination as to when to use the force of mind or the force of arms, and he always used his skills and talents for the benefit of others, renouncing every opportunity for selfish consideration.

The other characters in the story also manifest the ideal character: the perfect wife, the perfect brother, the perfect servant, the perfect devotee. Every relationship, every utterance, presents the archetype of perfection, even the perfect demon.

Rāma is known as the Avatāra of Viṣṇu, the manifestation of the perfect consciousness in human form. Actually R means the subtle body. Ā means universal consciousness, M means the culmination of perfection – Rāma, the manifestation of the perfection of the subtle body of consciousness; what is known as infinite consciousness on the personal level, otherwise known as the soul.

Hence, beyond the history, beyond the mythology, beyond the ethics of ideal behavior, spiritual seekers will see in the Rāmāyaṇa an allegory of the odyssey of the soul.

In the Śāṅkhyā Philosophy the soul is known as Pūruṣa, full, complete, perfect consciousness. Prakṛti, literally *Before becoming this*, is its Nature. The true nature of the soul has been stolen by the demon who has ten heads – five organs of action and five organs of knowledge, what are known as the ten senses. The one who has the ten senses is the Ego, the one who judges every perception in terms of selfish desire.

The soul goes in search of his perfect Nature, which has been stolen by the selfishness of Ego. He is accompanied by his brother, Lakṣmaṇa, He who pursues the Lakṣya or Goal, Brother Determination, and together they leave the Kingdom of Ayodhya – the place where there is no war, the place of Perfect Peace – in the care of their Brother Bhārata – He Who Shines with the Light of Wisdom – and along with Determination, Consciousness strives to find his Nature.

Receiving many blessings and teachings from great sages and saints, they ultimately enlist the aid of Hanumāna, the perfect devotee with unshakable faith. Rāma had to build a bridge to cross the sea, but Hanumāna, saying the name of Rāma, was able to cross with one great leap. *Cross the ocean to Laṅka and find news of Sītā. Show her the ring of Rāma, and let her know that Consciousness has no capacity without his Nature.* Only Devotion is able to cross the ocean of worldliness – Consciousness and Determination alone cannot go.

Now this is where the story of the Sundara Kāṇḍa begins, the Beautiful Chapter.

The Beautiful Chapter is a beautiful story. It tells how Pure Devotion in the form of a flying monkey jumps across the sea to Laṅka – the Kingdom of the Ego, where he meets Bibhīṣana, brother of the Ego and Discrimination of Right and Wrong. Discrimination does not agree with his brother. To jeopardize the safety of the kingdom for the lust of the Nature of another man is unwarranted. Be true to your own Nature, he advises his bother. Do not covet the Nature of another.

He tells Pure Devotion where Sītā is hidden. She is sitting at the foot of a tree in the grove where there is no grief. In the grove of pleasure, the Ego hopes to seduce Nature to accept him as her consort. Nature will not agree. She will unite with none other than Consciousness. Pure Devotion witnesses threats and gifts, fears and enticements – sāma, dhāna, daṇḍa, bheda, all trying to force Nature to submit. She will not. Alone in the night Devotion reveals himself. He sees Nature, delivers his message, gives her the ring, and then goes off to eat breakfast and explore the strength of the enemy.

After eating the fruits of the Ego's special garden, Devotion challenges the guards. One by one he defeats the soldiers, whereupon the Ego sends his own son, Meghanāda – Who Roars like a Cloud, the boisterous nature of Pride. All of Pride's weapons fail to defeat Devotion, but in order to meet the Ego, he lets himself be captured. Dragged through the streets in chains, Devotion is taken to the court of the Ego. The ministers read out the charges of his crimes, and the Ego pronounces the sentence of death.

"Stop!" cries Discrimination. "He is not a thief. He is an Ambassador of Consciousness. Ethics forbid slaying an Ambassador. Think of another punishment."

"Set his tail on fire!" pronounces Ego. "Let our children laugh at the agony of a monkey dancing in the streets with his tail on fire!"

Hanumāna is taken to the streets where his tail is set on fire. Then he breaks his chains and burns down the entire Empire of the Ego.

Returning to the Divine Mother, he asks for a blessing, and is granted pure devotion for all eternity. He takes her hair ornament to show Consciousness as a proof of his visit, and asks her to have patience.

Pure Devotion returns to Consciousness to describe to him the visit with Nature and explain to him what her condition is. Consciousness is so pleased to learn of her location that he hugs Devotion with affection. The monkeys assemble their armies and march to the ocean.

Meanwhile in the Kingdom of the Ego, the well-wishers of the king try to reason with Ego that he should not stake the kingdom for a woman who belongs to another. Who Supports the Mind, Respect, and especially Discrimination, try their best to persuade him, but the Ego will not listen. He kicks Discrimination literally, and throws him out of the kingdom.

Discrimination goes to take refuge in the camp of Consciousness, who crowns him the next Ruler of the Kingdom of the Ego. The next question is how to take the army across the Ocean, to which Discrimination proposes, "Ask the Ocean." Consciousness accepts the proposal and sits down to worship and meditate.

Ultimately the Ocean appears and tells him to build a bridge, so Consciousness, Determination, Pure Devotion, Discrimination and all of their Excellent Friends, build a bridge to the Kingdom of the Ego to secure the return of the pure and divine Nature.

Essentially that is how we understand the Beautiful Chapter. And that is why it is so beautiful. It is filled with deep Philosophy, with examples and admonitions to the purest ethical behavior, of the most tender dramatic pathos, which is why it is readily accepted as a classical work of scripture throughout all of Asia. Now, as Hinduism becomes a global culture, it is being translated into the symbols and aspirations of every nation which has been adopted.

It used to be fashionable to compare Mahābhārata with the Iliad and Rāmāyaṇa with the Odyssey; Homer with Tulasīdāsa, and the epics of Greece with those of India. In recent times, scholars of the stature of Joseph

Campbell have compared Star Wars with the Rāmāyaṇa. Rāmāyaṇa is enacted all throughout Asia, the Soviet countries, now North America, Europe and Eastern Africa.

Tulasidasa's poetry is so succinct, it is impossible to replicate his language today. It takes so many English words to translate his ideas, and the ideas are so profound that they should be shared. The work was originally written in the language of Avādhi. It is probably a little farther away from modern Hindi than Chaucer is from modern English. But it is so much fun to chant. It can be sung in hundreds of ways, various tunes coming from the different cultures of Hinduism, all woven together into a tapestry of joyous sounds in praise of God.

Other than occasional inspirations of Saṃskṛta, Tulasidasa's poetry contains a few basic styles of Hindi poetry. The chaupaī is the main narrative of the text, interspersed with the dohā and soraṭhā, which come in the refrains. These are indicated throughout the text by do- and so-, so that singers will know when to change the rhythm. There is one other frequently used meter called chaṅda, which is used for songs of description.

Phonetic Roman and Bengali transliterations have been included along with the original Hindi and English translation, so that devotees can join in singing wherever devotees congregate to sing the name of God. We have also included several fun chants which make satsangha so exciting, Rām Stuthi, Hanumāna Cālīsā, Bajaraṅga Bāṇa, Saṃkaṭa Mocana, Hanumāna Arati, Jai Jagadīśa Hare, and Rāghupati Rāgava.

It is such a privilege to sing of our love to God, and Shree Maa joins me in blessing that we all sing with the fullest expression of love that is in our hearts.

Jai Rāmajī Ki!
Swami Satyananda Saraswati
Devi Mandir, Napa 1996

ॐ

श्री राम चरितमानस

सुन्दर काण्ड

Oṃ

Śrī Rāma Caritamānasa

Sundar Kāṇḍa

ওঁ

শ্রী রাম চরিতমানস

সুন্দর কাণ্ড

शान्तं शाश्वतमप्रमेयमनघं
निर्वाणशान्तिप्रदं
ब्रह्माशम्भुफणीन्द्रसेव्यमनिशं
वेदान्तवेद्यं विभुम् ।
रामाख्यं जगदीश्वरं सुरगुरुं
मायामनुष्यंहरिं
वन्देऽहं करुणाकरं रघुवरं
भूपालचूडामणिम् ॥ १ ॥

śāntaṃ
śāśvatamaprameyamanaghaṃ
nirvāṇaśāntipradaṃ
brahmāśambhuphaṇīndrasevya
maniśaṃ
vedāntavedyaṃ vibhum |
rāmākhyaṃ jagadīśvaraṃ
suragurum
māyāmanuṣyaṃhariṃ
vande-haṃ karuṇākaraṃ
raghuvaraṃ
bhūpālacūḍāmaṇim || 1 ||

শান্তং শাশ্বতমপ্রমেয়মনঘং
নির্বাণশান্তিপ্রদং
ব্রহ্মাশম্ভুফনীন্দ্র সেব্যমনিশং
বেদান্তবেদ্যং বিভুম্ ।
রামাখ্যংজগদীশ্বরং সুরগুরুং
মায়ামনুষ্যংহরিং
বন্দে-হং করুণাকরং রঘুবরং
ভূপালচূড়ামনিম্ ।। ১ ।।

I sing the praise of the Lord of the Perceivable Universe, Supreme Consciousness, who is Peace, beyond verification or intellectual proof, without sin, the One who bestows the Supreme Peace of Total Unity. Brahmā, Creative Consciousness, Śambhu, Who Radiates Peace (a name of Śiva), and the King of Snakes (the infinite repose of Consciousness, a name of Viṣṇu) constantly serve Him, as well as those who are capable of understanding the meanings of the Vedas. He sees with the eyes of Infinite Consciousness, and is the Guru of the Gods. He has manifested in the world of Māyā in the form of a human being, and his name is Rāma. 1

नान्या स्पृहा रघुपते हृदयेऽस्मदीये
सत्यं वदामि च भवानखिलान्तरात्मा ।
भक्तिं प्रयच्छ रघुपुङ्गव निर्भरां मे
कामादिदोषरहितं कुरु मानसं च ॥
२ ॥

nānyā spṛhā raghupate
hṛdaye-smadīye
satyaṃ vadāmi ca
bhavānakhilāntarātmā |
bhaktiṃprayaccha raghupuṅgava
nirbharāṃ me
kāmādidoṣarahitaṃ
kuru mānasaṃ ca || 2 ||

নান্যা স্পৃহা রঘুপতে হৃদয়ে-স্মদীয়ে
সত্যং বদামি চ ভবানখিলান্তরাত্মা ।
ভক্তিং প্রয়চ্ছ রঘপুংগব নির্ভরাং মে
কামাদিদোষরহিতং
কুরু মানসং চ ।। ২ ।।

अतुलितबलधामं हेमशैलाभदेहं
दनुजवनकृशानुं ज्ञानिनामग्रगण्यम् ।
सकलगुणनिधानं वानराणामधीशं ।
रघुपतिप्रियभक्तं वातजातं नमामि ॥
३ ॥

atulitabaladhāmaṃ
hemaśailābhadehaṃ
danujavanakṛśānuṃ
jñāninamagragaṇyam |
sakalaguṇanidhānaṃ
vānarāṇāmadhīśaṃ |
raghupatipriyabhaktaṃ
vātajātaṃ namāmi || 3 ||

অতুলিতবলধামং হেমশৈলাভদেহং
দনুজবনকৃশানুং জ্ঞানিনামগ্রগণ্যম্ ।
সকলগুণনিধানং বানরাণামধীশং ।
রঘুপতিপ্রিয়ভক্তং বাতজাতং
নমামি ।। ৩ ।।

Oh Lord of the family descended from the lineage of Light, I speak the truth to you who are the Soul of All. There is no other desire residing within my heart, but that you, who are the Excellent One of the family of Light, bless me with full and complete devotion, and that you remove all faults and desires from my mind. 2

He is the residence of incomparable strength, and has a beautiful body resplendent like a mountain of gold. He is like a fire to purify the forest of duality, and is the one who uplifts the wise. He is the repository of all qualities, the supreme of the monkeys, the beloved devotee of the Respected Lord of Light, the son of the God of Wind, and I bow to Him, Hanumāna, Pure Devotion. 3

जामवंत के बचन सुहाए ।
सुनि हनुमंत हृदय अति भाए ॥
तब लगि मोहि परिखेहु तुम्ह भाई ।
सहि दुख कंद मूल फल खाई ॥
जब लगि आवौं सीतहि देखि ।
होइहि काजु मोहि हरष बिसेषी ॥
यह कहि नाइ सबन्हि कहुँ माथा ।
चलेउ हरषि हियँ धरि रघुनाथा ॥

jāmavaṃta ke bacanasuhāe |
suni hanumaṃta hṛdaya ati bhāe ||
taba lagi mohi parikhehu tumha bhāī |
sahi dukha kaṃda mūla phala khāī ||
jaba lagi āvauṃ sītahi dekhi |
hoihi kāju mohi haraṣa biseṣī ||
yaha kahi nāi sabanhi kahum̐ māthā |
celeu haraṣi hiyam̐ dhari raghunāthā ||

জামবংত কে বচন সুহাএ ।
সুনি হনুমংত হৃদয় অতি ভাএ ।।
তব লগি মোহি পরিখেহু তুম্হ ভাঈ ।
সহি দুখ কংদ মূল ফল খাঈ ।।
জব লগি আবৌং সীতহি দেখি ।
হোইহি কাজ মোহি হরষ বিসেষী ।।
য়হ কহি নাই সবন্হি কহুং মাথা ।
চলেউ হরষি হিয়ং ধরি রঘুনাথা ।।

Hearing the words of Respected Brother of All, Pure Devotion's heart was greatly delighted. He said, "Even though you must suffer great pains eating these bulbs, roots and fruits, wait for me here until I return filled with joy from having accomplished our objective of seeing Nature, Sītā." Saying this, he bowed his head to everyone, and with great joy contemplating the Lord of Light in his heart, he commenced his journey.

सिंधु तीर एक भूधर सुंदर ।
कौतुक कूदि चढेउ ता ऊपर ॥
बार बार रघुबीर सँभारि ।
तरकेउ पवनतनय बल भारि ॥
जेहिं गिरि चरन देइ हनुमंता ।
चलेउ सो गा पाताल तुरंता ॥
जिमि अमोघ रघुपति कर बाना ।
एही भाँति चलउ हनुमाना ॥
जलनिधि रघुपति दूत बिचारी ।
तैं मैनाक होहि श्रमहारी ॥

siṃdhu tīra eka bhūdhara suṃdara |
kautuka kūdi caḍheu tā ūpara ||
bāra bāra raghubīra sam̐bhāri |
tarakeu pavanatanaya bala bhāri ||
jehiṃ giri carana dei hanumaṃtā |
caleu so gā pātāla turaṃtā ||
jimi amogha raghupati kara bānā |
ehī bhām̐ti caleu hanumānā ||
jalanidhi raghupati dūta bicārī |
taiṃ maināka hohi śramahārī ||

সিন্ধু তীর এক ভূধর সুন্দর ।
কৌতক কূদি চড়েউ তা উপর ।।
বার বার রঘুবীর সংভারি ।
তরকেউ পবনতনয় বল ভারি ।।
জেহিং গিরি চরন দেই হনুমন্তা ।
চলেউ সো গা পাতাল তুরন্তা ।।
জিমি অমোঘ রঘুপতি কর বানা ।
এহী ভংাতি চলেউ হনুমানা ।।
জলনিধি রঘুপতি দূত বিচারী ।
তৈং মৈনাক হোহি শ্রমহারী ।।

Beside the sea coast was a beautiful mountain, and the Son of the Wind playfully jumped to its top. Again and again remembering the Hero of Light, he leaped into the sky with all his might. The mountain which had been touched by Pure Devotion immediately sank beneath the surface of the earth. Pure Devotion flew through the air with the speed on an infallible arrow from the bow of the Lord of Light.

Recognizing the Ambassador of the Lord of Light, the Deity of the Ocean called to the Mountain Maināka, "Hey Intelligent One, offer him a place of repose and let him rest upon your summit."

दो- हनूमान तेहि परसा कर
पुनि कीन्ह प्रनाम ।
राम काजु कीन्हें बिनु
मोहि कहाँ बिश्राम ॥ १ ॥

do- hanūmāna tehi parasā kara
puni kīnha pranāma |
rāma kāju kīnheṃ binu
mohi kahāṁ biśrāma || 1 ||

দো- হনূমান তেহি পরসা কর
পুনি কীন্হ প্রনাম ।
রাম কাজু কীন্হেং বিনু
মোহি কহাং বিশ্রাম ।। ১ ।।

जात पवनसुत देवन्ह देखा ।
जानैं कहुँ बल बुद्धि बिसेषा ॥
सुरसा नाम अहिन्ह कै माता ।
पठइन्हि आइ कही तेहिं बाता ॥
आजु सुरन्ह मोहि दीन्ह अहारा ।
सुनत बचन कह पवनकुमारा ॥

jāta pavanasuta devanha dekhā |
jānaiṃ kahuṁ bala buddhi biseṣā ||
surasā nāma ahinha kai mātā |
paṭhainhi āi kahī tehiṃ bātā ||
āju suranha mohi dīnha ahārā |
sunata bacana kaha pavanakumārā ||

জাত পবনসুত দেবন্হ দেখা ।
জানৈং কহুং বল বুদ্ধি বিসেষা ।।
সুরসা নাম অহিন্হ কৈ মাতা ।
পঠইন্হি আই কহী তেহিং বাতা ।।
আজু সুরন্হ মোহি দীন্হ অহারা ।
সুনত বচন কহ পবনকুমারা ।।

dohā- Pure Devotion touched the summit with his hand, and bowed again and again and asked, "Without completing God's work of Consciousness, how can I take rest?" 1

The Gods saw the Son of the Wind pursuing his goal, and wished to know the extent of his special strengths and intelligence. They sent Shining One, Mother of Energies, who stood in his path and said: "Today the Gods have sent me an excellent meal." Hearing these words the Son of the Wind said in reply,

राम काजु करि फिरि मैं आवौं ।
सीता कइ सुधि प्रभुहि सुनावौं ॥
तब तव बदन पैठिहउँ आई ।
सत्य कहउँ मोहि जान दे माई ॥
कवनेहुँ जतन देइ नहिं जाना ।
ग्रससि न मोहि कहेउ हनुमाना ॥
जोजन भरि तेहिं बदनु पसारा ।
कपि तनु कीन्ह दुगुन बिस्तारा ॥

rāma kāju kari phiri maiṃ āvauṃ |
sītā ki sudhi prabhuhi sunāvauṃ ||
taba tava badana paiṭhihuṁ āī |
satya kahuṁ mohi jāna de māī ||
kavanehuṁ jatana dei nahiṃ jānā |
grasasi na mohi kaheu hanumānā ||
jojana bhari tehiṃ badanu pasārā |
kapi tanu kīnha duguna bistārā ||

রাম কাজু করি ফিরি মৈং আবৌং ।
সীতা কই সুধি প্রভুহি সুনাবৌং ।।
তব তব বদন পৈঠিহউং আই ।
সত্য কহউং মোহি জান দে মাই ।।
কবনেহুং জতন দেই নহিং জানা ।
গ্রসসি ন মোহি কহেউ হনুমানা ।।
জোজন ভরি তেহিং বদন পসারা ।
কপি তনু কীন্হ দুগুন বিস্তারা ।।

"I will return after accomplishing the work of Consciousness. I will tell my Lord the news of Nature, and then I will return to enter your mouth. Mother, I am telling you the truth. Please let me go." But she would not let him go without entering her mouth, to which Pure Devotion said, "Then go ahead and let me enter." She opened her mouth to a distance of eight miles, but the monkey made his body of greater size.

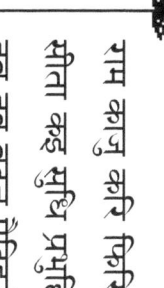

सोरह जोजन मुख तेहिं ठयऊ ।
तुरत पवनसुत बत्तिस भयऊ ॥
जस जस सुरसा बदनु बढावा ।
तासु दून कपि रूप देखावा ॥
सत जोजन तेहिं आनन कीन्हा ।
अति लघु रूप पवनसुत लीन्हा ॥
बदन पइठि पुनि बाहेर आवा ।
मागा बिदा ताहि सिरु नावा ॥
मोहि सुरन्ह जेहि लागि पठावा ।
बुधि बल मरमु तोर मैं पावा ॥

soraha jojana mukha tehiṃ ṭhayū |
turata pavanasuta battisa bhayaū ||
jasa jasa surasā badanu baḍhāvā |
tāsu dūna kapi rūpa dekhāvā ||
sata jojana tehiṃ ānana kīnhā |
ati laghu rūpa pavanasuta līnhā ||
badana paiṭhi puni bāhera āvā |
māgā bidā tāhi siru nāvā ||
mohi suranha jehi lāgi paṭhāvā |
budhi bala maramu tora maiṃ pāvā ||

সোরহ জোজন মুখ তেহিং ঠয়ঊ ।
তুরত পবনসুত বত্তিস ভয়ঊ ।।
জস জস সুরসা বদনু বড়াবা ।
তাসু দূন কপি রূপ দেখাবা ।।
সত জোজন তেহিং আনন কীন্হা ।
অতি লঘু রূপ পবনসুত লীন্হা ।।
বদন পইঠি পুনি বাহের আবা ।
মাগা বিদা তাহি সিরু নাবা ।।
মোহি সুরন্হ জেহি লাগি পঠাবা ।
বুধি বল মরমু তোর মৈং পাবা ।।

She opened her mouth to a distance of sixteen times eight miles, but immediately the Son of the Wind became a size thirty-two times as large. No matter how big Shining One opened her mouth, the monkey took a form even bigger. When she opened her mouth eight hundred miles wide, the Son of the Wind took an extremely small form. He entered her mouth, and immediately returned outside, and bowing his head, took his leave and bid farewell.

She said, "The Gods sent me to determine the extent of your intelligence and your strength, and I have understood.

दो- राम काजु सबु करिहहु तुम्ह बल बुद्धि निधान । आसिष देइ गई सो हरषि चलेउ हनुमान ॥ २ ॥	**do- rāma kāju sabu karihahu tumha bala buddhi nidhāna | āsiṣa dei gaī so haraṣi caleu hanumāna ॥ 2 ॥**	দো- রাম কাজু সবু করিহহু তুম্হ বল বুদ্ধি নিধান । আসিষ দেই গঈ সো হরষি চলেউ হনুমান ।। ২ ।।
निसिचरि एक सिंधु महुँ रहई । करि माया नभु के खग गहई ॥ जीव जंतु जे गगन उडाहीं । जल बिलोकि तिन्ह कै परिछाहीं ॥ गहइ छाहँ सक सो न उडाई । एहि बिधि सदा गगनचर खाई ॥	**nisicari eka siṃdhu mahuṁ rahaī | kari māyā nabhu ke khaga gahaī ॥ jīva jaṃtu je gagana uḍāhīṃ | jala biloki tinha kai paricāhīṃ ॥ gahai chāhaṁ saka so na uḍāī | ehi bidhi sadā gaganacara khāī ॥**	নিসিচরি এক সিংধু মহুং রহঈ । করি মায়া নভু কে খগ গহঈ ।। জীব জন্তু জে গগন উড়াহীং । জল বিলোকি তিন্হ কৈ পরিছাহীং ।। গহই ছাহং সক সো ন উড়াঈ । এহি বিধি সদা গগনচর খাঈ ।।

dohā- "You will accomplish all the works of Consciousness, because you are a treasury of strength and intelligence." Giving this blessing she left, and with great delight Pure Devotion resumed his journey. 2

A female demon lived in the ocean who would catch the birds flying in the air by her magic. She could grasp the shadow of any living being flying through the air so that they could not move, and in this way she would always eat those who flew near to her.

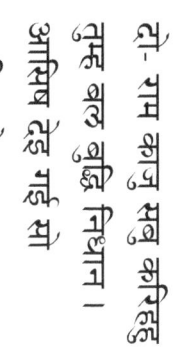

सोइ छल हनूमान कहँ कीन्हा ।
तासु कपटु कपि तुरतहिं चीन्हा ॥
ताहि मारि मारुतसुत बीरा ।
बारिधि पार गयउ मतिधीरा ॥
तहाँ जाइ देखि बन सोभा ।
गुंजत चंचरीक मधु लोभा ॥
नाना तरु फल फूल सुहाए ।
खग मृग बृंद देखि मन भाए ॥
सैल बिसाल देखि एक आगें ।
ता पर धाइ चढेउ भय त्यागें ॥

soi chala hanūmāna kahaṁ kīnhā |
tāsu kapaṭu kapi turatahiṃ cīnhā ||
tāhi māri mārutasuta bīrā |
bāridhi pāra gayau matidhīrā ||
tahāṁ jāi dekhi bana sobhā |
guṃjata caṃcarīka madhu lobhā ||
nānā taru phala phūla suhāe |
khaga mṛga bṛṃda dekhi mana bhāe ||
saila bisāla dekhi eka āgeṃ |
tā para dhāi caḍheu bhaya tyāgeṃ ||

সোই ছল হনূমান কহং কীন্হা ।
তাসু কপটু কপি তুরতহিং চীন্হা ।।
তাহি মারি মারুতসুত বীরা ।
বারিধি পার গয়উ মতিধীরা ।।
তহাং জাই দেখি বন সোভা ।
গুংজত চংচরীক মধু লোভা ।।
নানা তরু ফল ফূল সুহাএ ।
খগ মৃগ বৃংদ দেখি মন ভাএ ।।
সৈল বিসাল দেখি এক আগেং ।
তা পর ধাই চঢ়েউ ভয় ত্যাগেং ।।

She employed that trick on Pure Devotion, and the monkey immediately recognized her deceit. The Heroic Son of the Wind killed the demon, who fell beneath the ocean.

Approaching Laṅka, the Kingdom of the Ego, he saw beautiful forests of sweet flowers with bees humming in search of honey. There were various kinds of trees, fruits and flowers, and seeing birds, deer and other animals, his mind was greatly pleased. Beholding a huge mountain ahead of him, he fearlessly proceeded up to its summit.

उमा न कछु कपि कै अधिकाई ।
प्रभु प्रताप जो कालहि खाई ॥
गिरि पर चढि लंका तेहिं देखी ।
कहि न जाइ अति दुर्ग बिसेषी ॥
अति उतंग जलनिधि चहु पासा ।
कनक कोट कर परम प्रकासा ॥

umā na kachu kapi kai adhikāī |
prabhu pratāpa jo kālahi khāī ||
giri para caḍhi laṃkā tehiṃ dekhī |
kahi na jāi ati durga biseṣī ||
ati utaṃga jalanidhi cahu pāsā |
kanaka koṭa kara parama prakāsā ||

উমা ন কছু কপি কৈ অধিকাঈ ।
প্রভু প্রতাপ জো কালহি খাঈ ।।
গিরি পর চঢি লংকা তেহিং দেখী ।
কহি ন জাই অতি দুর্গ বিসেষী ।।
অতি উতংগ জলনিধি চহু পাসা ।
কনক কোট কর পরম প্রকাসা ।।

छं- कनक कोट बिचित्र मनि कृत
सुंदरायतना घना ।
चउहट्ट हट्ट सुबट्ट बीथीं चारु
पुर बहु बिधि बना ॥

ch- kanaka koṭa bicitra mani kṛta sumdar-āyatanā ghanā |
cauhaṭṭa haṭṭa subaṭṭa bīthīṃcāru pura bahu bidhi banā ||

ছং- কনক কোট বিচিত্র মনি কৃত
সুংদরায়তনা ঘনা ।
চউহট্ট হট্ট সুবট্ট বীথীং চারু
পুর বহু বিধি বনা ।।

(Śiva said to Pārvatī) "This is not the greatness of the monkey. This is the greatness of the Lord who dissolves even Time itself." Rising to the top of the mountain, he could see all of the Kingdom of the Ego, a tremendous fortress which defied description. It was of a very high elevation, surrounded by water on all sides. The golden ramparts of the fortress walls emitted a great illumination.

chaṃda- The fortress walls were made of gold and jewels, within which were situated beautiful homes, great markets, with broad avenues and lanes. The beautiful city was decorated in many artistic ways. Uncountable were the elephants,

गज बाजि खच्चर निकर पदचर
रथ बरूथन्हि को गनै ।
बहुरूप निसिचर जूथ अतिबल
सेन बरनत नहिं बनै ॥ १ ॥

gaja bāji khacara nikara padacara
ratha barūthanhi ko ganai |
bahurūpa nisicara jūtha atibala
sena baranata nahiṃ banai || 1 ||

গজ বাজি খচ্ছর নিকর পদচর
রথ বরূথন্হি কো গনৈ ।
বহুরূপ নিসিচর জুথ অতিবল
সেন বরনত নহিং বনৈ ।। ১ ।।

बन बाग उपबन बाटिका
सर कूप बापीं सोहहीं ।
नर नाग सुर गंधर्ब कन्या
रूप मुनि मन मोहहीं ॥
कहुँ माल देह बिसाल सैल
समान अतिबल गर्जहीं ।

bana bāga upabana bāṭikā
sara kūpa bāpīṃsohahīṃ |
nara nāga sura gaṃdharba kanyā
rūpa muni mana mohahīṃ ||
kahum̐ māla deha bisāla saila
samāna atibala garjahīṃ |

বন বাগ উপবন বার্টিকা
সর কূপ বাপীং সোহহীং ।
নর নাগ সুর গংধর্ব কন্যা
রূপ মুনি মন মোহহীং ।।
কহুং মাল দেহ বিসাল সৈল
সমান অতিবল গর্জহীং ।

horses and mules, the foot-soldiers, chariots and cavalry, and demons of various forms. It is impossible to describe the great strength of that army. 1

There were forests and orchards, gardens and parks, lakes, tanks and wells, humans, snakes, Gods, and celestial nymphs whose beauty could delude the minds of wise men.

नाना अखारेन्ह भिरहिं बहुबिधि एक एकन्ह तर्जहीं ॥ २ ॥	nānā akhārenha bhirahiṃ bahubidhi eka ekanha tarjahīṃ ‖ 2 ‖	নানা অখারেন্হ ভিরহিং বহুবিধি এক একন্হ তর্জহীং ।। ২ ।।
करि जतन भट कोटिन्ह बिकट तन नगर चहुँ दिसि रच्छहीं । कहुँ महिष मानुष धेनु खर अज खल निसाचर भच्छहीं ॥	kari jatana bhaṭa koṭinha bikaṭa tana nagara cahum̐ disi racchahīṃ । kahum̐ mahiṣa mānuṣa dhenu khara aja khala nisācara bhacchahīṃ ‖	করি জতন ভর্ট কোর্টিন্হ বিকর্ট তন নগর চহু দিসি রচ্ছহীং । কহুং মহিষ মানুষ ধেনু খর অজ খল নিসাচর ভচ্ছহীং ।।
एहि लागि तुलसीदास इन्ह की कथा कछु एक है कही । रघुबीर सर तीरथ सरीरन्हि त्यागि गति पैहहिं सही ॥ ३ ॥	ehi lāgi tulasīdāsa inha kī kathā kachu eka hai kahī । raghubīra sara tīratha sarīranhi tyāgi gati paihahiṃ sahī ‖ 3 ‖	এহি লাগি তুলসীদাস ইন্হ কী কথা কছু এক হৈ কহী । রঘুবীর সর তীরথ সরীরন্হি ত্যাগি গতি পৈহহিং সহী ।। ৩ ।।

There were fighters with bodies as large as a mountain, with great strength who called boisterous challenges at each other to wrestle in various arenas. 2

The city was defended on all four sides by frightening demon warriors who ate buffaloes, human beings, cows, donkeys and goats. Tulasīdāsa has briefly described this scene because these beings will shortly leave their bodies at the holy shrine of the arrows of the Hero of Light and attain to the supreme goal. 3

दो- पुर रखवारे देखि बहु
कपि मन कीन्ह बिचार ।
अति लघु रूप धरौं निसि
नगर करौं पइसार ॥ ३ ॥

do- pura rakhavāre dekhi bahu
kapi mana kīnha bicāra |
ati laghu rūpa dharauṃ nisi
nagara karauṃ paisāra || 3 ||

দো- পুর রখবারে দেখি বহু
কপি মন কীন্হ বিচার ।
অতি লঘু রূপ ধরৌং নিসি
নগর করৌং পইসার ।। ৩ ।।

मसक समान रूप कपि धरी ।
लंकहि चलेउ सुमिरि नरहरी ॥
नाम लंकिनी एक निसिचरी ।
सो कह चलेसि मोहि निंदरी ॥
जानेहि नहीं मरमु सठ मोरा ।
मोर अहार जहाँ लगि चोरा ॥

masaka samāna rūpa kapi dharī |
laṃkahi caleu sumiri naraharī ||
nāma laṃkinī eka nisicarī |
so kaha calesi mohi niṃdarī ||
jānehi nahīṃ maramu saṭha morā |
mora ahāra jahām̐ lagi corā ||

মসক সমান রূপ কপি ধরী ।
লংকহি চলেউ সুমিরি নরহরী ।।
নাম লংকিনী এক নিসিচরী ।
সো কহ চলেসি মোহি নিংদরী ।।
জানেহি নহীং মরমু সঠ মোরা ।
মোর অহার জহাং লগি চোরা ।।

dohā- Seeing so many protectors of the kingdom, the monkey had a splendid idea. "In the night I will take a very small form and enter into the city." 3

The monkey took a form as small as a mosquito, and remembering the Lord Who Takes Away Adversity in the form of a man, entered the Kingdom of the Ego. Stationed by the door to the city was a demon protector named Defender of the Kingdom of the Ego, who said to him, "Where are you going without asking my permission? Hey you Fool! Don't you know that I eat thieves!"

मुठिका एक महा कपि हनी ।
रुधिर बमत धरनीं ढनमनी ॥
पुनि संभारी उठी सो लंका ।
जोरि पानि कर बिनय ससंका ॥
जब रावनहि ब्रह्म बर दीन्हा ।
चलत बिरंचि कहा मोहि चीन्हा ॥
बिकल होसि तैं कपि के मारे ।
तब जानेसु निसिचर संघारे ॥
तात मोर अति पुन्य बहूता ।
देखेहुँ नयन राम कर दूता ॥

muṭhikā eka mahā kapi hanī |
rudhira bamata dharanīṃ ḍhanamanī ||
puni saṃbhārī uṭhaṭhī so laṃkā |
jori pāni kara binaya sasaṃkā ||
jaba rāvanahi brahma bara dīnhā |
calata baraṃci kahā mohi cīnhā ||
bikala hosi taiṃ kapi ke māre |
taba jānesu nisicara saṃghāre ||
tāta mora ati punya bahūtā |
dekhehuṁ nayana rāma kara dūtā ||

মুঠিকা এক মহা কপি হনী ।
রুধির বমত ধরনীং ঢ়নমনী ।।
পুনি সংভারী উঠী সো লংকা ।
জোরি পানি কর বিনয় সসংকা ।।
জব রাবনহি ব্রহ্ম বর দীন্হা ।
চলত বিরংচি কহা মোহি চীন্হা ।।
বিকল হোসি তৈং কপি কে মারে ।
তব জানেসু নিসিচর সংঘারে ।।
তাত মোর অতি পুন্য বহুতা ।
দেখেহুং নয়ন রাম কর দুতা ।।

With one blow of the fist, the monkey struck her with such power that she fell down and vomited blood. Recovering herself, Defender of the Kingdom of the Ego in great humility folded her hands in prayer. "When Creative Consciousness gave me the responsibility to protect the Kingdom of the Ego, he told me how to recognize the impending destruction of the forces of duality. 'When a monkey strikes you with such force that you become powerless, know that destruction is soon to come.' Hey Dear One, I am very fortunate to have seen with my own eyes the Ambassador of Consciousness.

दो- तात स्वर्ग अपबर्ग सुख
धरिअ तुला एक अंग ।
तूल न ताहि सकल मिलि
जो सुख लव सतसंग ॥ ४ ॥

do- tāta svarga apabarga sukha
dharia tulā eka aṃga |
tūla na tāhi sakala mili
jo sukha lava satasaṃga || 4 ||

দো- তাত স্বর্গ অপবর্গ সুখ
ধরিঅ তুলা এক অংগ ।
তুল ন তাহি সকল মিলি
জো সুখ লব সতসংগ ।। ৪ ।।

प्रबिसि नगर कीजे सब काजा ।
हृदयँ राखि कोसलपुर राजा ॥
गरल सुधा रिपु करहिं मिताई ।
गोपद सिंधु अनल सितलाई ॥
गरुड सुमेरु रेनु सम ताही ।
राम कृपा करि चितवा जाही ॥

prabisi nagara kīje saba kājā |
hṛdayam̐ rākhi kosalapura rājā ||
garala sudhā ripu karahiṃ mitāī |
gopada siṃdhu anala sitalāī ||
garuḍa sumeru renu sama tāhī |
rāma kṛpā kari citavā jāhī ||

প্রবিসি নগর কীজে সব কাজা ।
হৃদয়ং রাখি কোসলপুর রাজা ।।
গরল সুধা রিপু করহিং মিতাঈ ।
গোপদ সিংধু অনল সিতলাঈ ।।
গরুড় সুমেরু রেনু সম তাহী ।
রাম কৃপা করি চিতবা জাহী ।।

dohā- "Hey Dear One, take all of the pleasures of heaven and even those of liberation and count them as one, all of them together cannot be equal to the pleasure gained from satsaṅgha, from the communion with beings of truth. 4

"Please enter into the city and do your work, keeping the King of Ayodya, The Place of Peace, in your heart. Poison becomes nectar, enemies become friends, the sea becomes contained within the size of a cow's hoof-print, fire becomes cool, and oh King of those who fly, Mount Meru is measured like a grain of sand for him upon whom Consciousness has bestowed his grace."

अति लघु रूप धरेउ हनुमाना ।
पैठा नगर सुमिरि भगवाना ॥
मन्दिर मन्दिर प्रति करि सोधा ।
देखे जहँ तहँ अगनित जोधा ॥
गयउ दसानन मन्दिर माहीं ।
अति बिचित्र कहि जात सो नाहीं ॥
सयन किएँ देखा कपि तेही ।
मन्दिर महुँ न दीखि बैदेही ॥
भवन एक पुनि दीख सुहावा ।
हरि मन्दिर तहँ भिन्न बनावा ॥

ati laghu rūpa dhareu hanumānā |
paiṭhā nagara sumiri bhagavānā ||
mandira mandira prati kari sodhā |
dekhe jahaṁ tahaṁ aganita jodhā ||
gayau dasānana mandira māhīṃ |
ati bicitra kahi jāta so nāhīṃ ||
sayana kieṁ dekhā kapi tehī |
mandira mahuṁ na dīkhi baidehī ||
bhavana eka puni dīkha suhāvā |
hari mandira tahaṁ bhinna banāvā ||

অতি লঘু রূপ ধরেউ হনুমানা ।
পৈঠা নগর সুমিরি ভগবানা ।।
মন্দির মন্দির প্রতি করি সোধা ।
দেখে জহং তহং অগনিত জোধাং ।।
গয়উ দসানন মন্দির মাহীং ।
অতি বিচিত্র কহি জাত সো নাহীং ।।
সয়ন কিএং দেখা কপি তেহী ।
মন্দির মহুং ন দীখি বৈদেহী ।।
ভবন এক পুনি দীখ সুহাবা ।
হরি মন্দির তহং ভিন্ন বনাবা ।।

Then Pure Devotion assumed an extremely small form, and remembering the Supreme Lord, entered the city. He searched all of the palaces wherever he saw numbers of soldiers. Even he entered into the palace of the One with Ten Heads, which had such grandeur that it could not be described. The monkey saw him sleeping in his palace, but nowhere could he find the Daughter of the One without a Body. Then he saw another beautiful palace, beside which was a temple of Lord Viṣṇu.

दो- रामायुध अंकित गृह
सोभा बरनि न जाइ ।
नव तुलसिका बृंद तहँ
देखि हरष कपिराइ ॥ ५ ॥

लंका निसिचर निकर निवासा ।
इहाँ कहाँ सज्जन कर बासा ॥
मन महुँ तरक करैं कपि लागा ।
तेहीं समय बिभीषनु जागा ॥
राम राम तेहिं सुमिरन कीन्हा ।
हृदयँ हरष कपि सज्जन चीन्हा ॥

do- rāmāyudha aṃkita gṛha
sobhā barani na jāi |
nava tulasikā bṛṃda tahaṁ
dekhi harașa kapirāi || 5 ||

laṃkā nisicara nikara nivāsā |
ihāṁ kahāṁ sajjana kara bāsā ||
mana mahuṁ taraka karaiṃ kapi lāgā |
tehīṃsamaya bibhīṣanu jāgā ||
rāma rāma tehiṃ sumirana kīnhā |
hṛdayaṁ harașa kapi sajjna cīnhā ||

দো- রামায়ুধ অংকিত গৃহ
সোভা বরনি ন জাই ।
নব তুলসিকা বৃংদ তহং
দেখি হরষ কপিরাই ।। ৫ ।।

লংকা নিসিচর নিকর নিবাসা ।
ইহাং কহাং সজ্জন কর বাসা ।।
মন মহুং তরক করৈং কপি লাগা ।
তেহীং সময় বিভীষনু জাগা ।।
রাম রাম তেহিং সুমিরন কীন্হা ।
হৃদয়ং হরষ কপি সজ্জন চীন্হা ।।

dohā- Upon the wall of that house were inscribed a bow and arrow, the implements with which Consciousness strikes, which were so beautiful as to defy description. In the courtyard were new shoots of Tulasī, seeing which the King of Monkeys was extremely delighted. 5

"The Kingdom of the Ego is the residence of demons. How did a man of truth come to live here?" His mind began to reason in this way, and at that time Bibhīṣaṇa, Discrimination, rose from his sleep. "Rāma, Rāma," he sang as he awoke, and the monkey was delighted to recognize a man of truth.

एहि सन हठि करिहउँ पहिचानी ।
साधु ते होइ न कारज हानी ॥
बिप्ररूप धरि बचन सुनाए ।
सुनत बिभीषन उठि तहँ आए ॥
करि प्रनाम पूँछी कुसलाई ।
बिप्र कहहु निज कथा बुझाई ॥
की तुम्ह हरि दासन्ह महँ कोई ।
मोरें हृदय प्रीति अति होई ॥
की तुम्ह रामु दीन अनुरागी ।
आयहु मोहि करन बडभागी ॥

ehi sana haṭhi karihauṁ pahicānī |
sādhu te hoi na kāraja hānī ||
biprarūpa dhari bacana sunāe |
sunata bibhīṣana uṭhi tahaṁ āe ||
kari pranāma pūṁchī kusalāī |
bipra kahahu nija kathā bujhāī ||
kī tumha hari dāsanha mahaṁ koī |
moreṃ hṛdaya prīti ati hoī ||
kī tumha rāmu dīna anurāgī |
āyahu mohi karana baḍabhāgī ||

এহি সন হঠি করিহউং পহিচানী ।
সাধু তে হোই ন কারজ হানী ।।
বিপ্ররূপ ধরি বচন সুনাএ ।
সুনত বিভীষন উঠি তহং আএ ।।
করি প্রনাম পূংছী কুসলাঈ ।
বিপ্র কহহু নিজ কথা বুঝাঈ ।।
কী তুম্হ হরি দাসন্হ মহং কোঈ ।
মোরেং হৃদয় প্রীতি অতি হোঈ ।।
কী তুম্হ রামু দীন অনুরাগী ।
আয়হু মোহি করন বড়ভাগী ।।

Immediately he determined to make his acquaintance, because the association with a man of truth can never be harmful to one's objectives. Wearing the form of a Brahmaṇa priest, he called out, and hearing the sound, Discrimination rose and came outside. He greeted the visitor with respect, asked of his welfare, and then requested the Brahmaṇa priest to explain his presence. "What, are you a devotee of God?" he asked with great respect. "Because seeing you my heart is flooded with love. Or, are you the One who fills the hearts of the lowly, the Respected Consciousness Himself, who has come here to bless me with Good Fortune?"

दो- तब हनुमंत कही सब
राम कथा निज नाम ।
सुनत जुगल तन पुलक मन
मगन सुमिरि गुन ग्राम ॥ ६ ॥

सुनहु पवनसुत रहनि हमारी ।
जिमि दसनन्हि महुँ जीभ बिचारी ॥
तात कबहुँ मोहि जानि अनाथा ।
करिहहिं कृपा भानुकुल नाथा ॥
तामस तनु कछु साधन नाहीं ।
प्रीति न पद सरोज मन माहीं ॥

do- taba hanumaṃta kahī saba
rāma kathā nija nāma |
sunata jugala tana pulaka mana
magana sumiri guna grāma || 6 ||

sunahu pavanasuta rahani hamārī |
jimi dasananhi mahuṁ jībha bicārī ||
tāta kabahuṁ mohi jāni anāthā |
karihahiṃ kṛpā bhānukula nāthā ||
tāmasa tanu kachu sādhana nāhīṃ |
prīti na pada saroja mana māhīṃ ||

দো- তব হনুমন্ত কহি সব
রাম কথা নিজ নাম ।
সুনত জুগল তন পুলক মন
মগন সুমিরি গুন গ্রাম ।। ৬ ।।

সুনহু পবনসুত রহনি হমারী ।
জিমি দসনন্হি মহুং জীভ বিচারী ।।
তাত কবহুং মোহি জানি অনাথা ।
করিহহিং কৃপা ভানুকুল নাথা ।।
তামস তনু কছু সাধন নাহীং ।
প্রীতি ন পদ সরোজ মন মাহীং ।।

dohā- Then Pure Devotion told him all, the story of Consciousness and his own name. And while they were sharing, a thrill of joy surrounded them, for they were remembering the Repository of Infinite Qualities. 6

Discrimination said, "Listen, Son of the Wind, as to how I live here. I am staying here with the One with Ten Heads like an unfortunate tongue caught between the teeth. Dear One, consider me as an orphan. Will the Lord of the Family of Consciousness ever show his Grace to me? My nature is of darkness, and I do not perform any spiritual discipline. But my mind is filled with love for the feet of the Lord.

अब मोहि भा भरोस हनुमंता ।
बिनु हरिकृपा मिलहिं नहिं संता ॥
जौं रघुबीर अनुग्रह कीन्हा ।
तौ तुम्ह मोहि दरसु हठि दीन्हा ॥
सुनहु बिभीषन प्रभु कै रीती ।
करहिं सदा सेवक पर प्रीति ॥
कहहु कवन मैं परम कुलीना ।
कपि चंचल सबहीं बिधि हीना ॥
प्रात लेइ जो नाम हमारा ।
तेहि दिन ताहि न मिलै अहारा ॥

aba mohi bhā bharosa hanumaṃtā |
binu harikṛpā milahiṃ nahiṃ saṃtā ||
jauṃ raghubīra anugraha kīnhā |
tau tumha mohi darasu haṭhi dīnhā ||
sunahu bibhīṣana prabhu kai rītī |
karahiṃ sadā sevaka para prīti ||
kahahu kavana maiṃ parama kulīnā |
kapi caṃcala sabahīṃ bidhi hīnā ||
prāta lei jo nāma hamārā |
tehi dina tāhi na milai ahārā ||

অব মোহি ভা ভরোস হনুমন্তা ।
বিনু হরিকৃপা মিলহিং নহিং সন্তা ।।
জৌং রঘুবীর অনুগ্রহ কীন্হা ।
তৌ তুম্হ মোহি দরসু হঠি দীন্হা ।।
সুনহু বিভীষন প্রভু কৈ রীতী ।
করহিং সদা সেবক পর প্রীতি ।।
কহহু কবন মৈং পরম কুলীনা ।
কপি চঞ্চল সবহীং বিধি হীনা ।।
প্রাত লেই জো নাম হমারা ।
তেহি দিন তাহি ন মিলৈ অহারা ।।

Now, Pure Devotion, my faith has been increased by meeting you. Without the grace of God it is impossible to meet a saint. Because of the Grace of the Hero of Light, you have given me your darśana today, and I have been able to meet you."

Pure Devotion replied, "Listen, oh Respected Discrimination, to the natural law of the Lord, that He always loves His servants. Of what superior birth can I lay claim? I am a fickle monkey, and in every way of lowly birth. People who speak of monkeys in the early morning will find no food for the rest of the day.

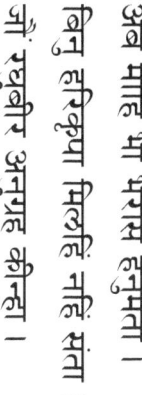

दो- अस मैं अधम सखा सुनु
मोहू पर रघुबीर ।
कीन्ही कृपा सुमिरि गुन
भरे बिलोचन नीर ॥ ७ ॥

do- asa maiṃ adhama sakhā sunu
mohū para raghubīra |
kīnhī kṛpā sumiri guna
bhare bilocana nīra || 7 ||

দো- অস মৈং অধম সখা সুনু
মোহূ পর রঘুবীর ।
কীন্হী কৃপা সুমিরি গুন
ভরে বিলোচন নীর ।। ৭ ।।

जानतहूँ अस स्वामि बिसारी ।
फिरहिं ते काहे न होहिं दुखारी ॥
एहि बिधि कहत राम गुन ग्रामा ।
पावा अनिर्बाच्य बिश्रामा ॥
पुनि सब कथा बिभीषन कही ।
जेहि बिधि जनकसुता तहँ रही ॥

jānatahūṁ asa svāmi bisārī |
phirahiṃ te kāhe na hohiṃ dukhārī ||
ehi bidhi kahata rāma guna grāmā |
pāvā anirbācya biśrāmā ||
puni saba kathā bibhīṣana kahī |
jehi bidhi janakasutā tahaṁ rahī ||

জানতহূং অস স্বামি বিসারী ।
ফিরহিং তে কাহে ন হোহিং দুখারি ।।
এহি বিধি কহত রাম গুন গ্রামা ।
পাবা অনির্বাচ্য বিশ্রামা ।।
পুনি সব কথা বিভীষন কহী ।
জেহি বিধি জনকসুতা তহং রহী ।।

dohā- "Listen, my friend, I am such a lowly being and the Hero of Light has such qualities that He has bestowed His Grace upon me," he said as tears of devotion fell from his eyes. 7

"It is no wonder that those who forget such a Master even knowing this, why won't they be in pain?"

In this way they recollected the qualities of Consciousness, and enjoyed the greatest rest from worldly concerns. Then Discrimination described in which manner the Daughter of The Cause (Sītā) was staying, and Pure Devotion replied,

तब हनुमंत कहा सुनु भ्राता ।
देखी चहउँ जानकी माता ॥
जुगुति बिभीषन सकल सुनाई ।
चलेउ पवनसुत बिदा कराई ॥
करि सोइ रूप गयउ पुनि तहवाँ ।
बन असोक सीता रह जहवाँ ॥
देखि मनहि महुँ कीन्ह प्रनामा ।
बैठेहिं बीति जात निसि जामा ॥
कृस तनु सीस जटा एक बेनी ।
जपति हृदयँ रघुपति गुन श्रेनी ॥

taba hanumaṃta kahā sunu bhrātā |
dekhī cahauṁ jānakī mātā ||
juguti bibhīṣana sakala sunāī |
caleu pavanasuta bidā karāī ||
kari soi rūpa gayau puni tahavāṁ |
bana asoka sītā raha jahavāṁ ||
dekhi manahi mahuṁ kīnha pranāmā |
baiṭhehiṃ bīti jāta nisi jāmā ||
kṛsa tanu sīsa jaṭā eka benī |
japati hṛdayaṁ raghupati guna śrenī ||

তব হনুমন্ত কহা সুনু ভ্রাতা ।
দেখী চহউং জানকী মাতা ।।
জুগুতি বিভীষন সকল সুনাঈ ।
চলেউ পবনসুত বিদা করাঈ ।।
করি সোই রূপ গয়উ পুনি তহবাং ।
বন অসোক সীতা রহ জহবাং ।।
দেখি মনহি মহুং কীন্হ প্রনামা ।
বৈঠেহিং বীতি জাত নিসি জামা ।।
কৃস তনু সীস জটা এক বেনী ।
জপতি হৃদয়ং রঘুপতি গুন শ্রেনী ।।

"Listen Brother, I wish to see the Holy Mother, Daughter of The Cause."

Discrimination explained all that was necessary, and the Son of the Wind respectfully took his leave. Again making his body small, he went to the grove of pleasure where Nature was staying. Upon seeing Her sitting day and night at the foot of a tree, he bowed to Her in his mind. Her body had become frail from fasting, Her hair tangled and disheveled, and Her heart was filled with the remembrance of the qualities of the Lord of Light.

दो- निज पद नयन दिएँ मन
राम पद कमल लीन ।
परम दुखी भा पवनसुत
देखि जानकी दीन ॥ ८ ॥

do- nija pada nayana dieṁ mana
rāma pada kamala līna |
parama dukhī bhā pavanasuta
dekhi jānakī dīna || 8 ||

দো- নিজ পদ নয়ন দিএং মন
রাম পদ কমল লীন ।
পরম দুখী ভা পবনসুত
দেখি জানকী দীন ।। ৮ ।।

तरु पल्लव महुँ रहा लुकाई ।
करइ बिचार करौं का भाई ॥
तेहि अवसर रावनु तहँ आवा ।
संग नारी बहु किएँ बनावा ॥
बहु बिधि खल सीतहि समुझावा ।
साम दान भय भेद देखावा ॥

taru pallava mahuṁ rahā lukāī |
karai bicāra karauṃ kā bhāī ||
tehi avasara rāvanu tahaṁ āvā |
saṃga nārī bahu kieṁ banāvā ||
bahu bidhi khala sītahi samujhāvā |
sāma dāna bhaya bheda dekhāvā ||

তরু পল্লব মহুং রহা লুকাঈ ।
করই বিচার করৌং কা ভাঈ ।।
তেহি অবসর রাবনু তহং আবা ।
সংগ নারী বহু কিএং বনাবা ।।
বহু বিধি খল সীতহি সমুঝাবা ।
সাম দান ভয় ভেদ দেখাবা ।।

dohā- She was looking down towards Her own feet, having lost Her mind in remembrance of the feet of Consciousness. The Son of the Wind was extremely pained in seeing the misery of the captive Daughter of The Cause. 8

He hid himself between the leaves of the tree, and thought of what he could do. Just then Ego came there, accompanied by a number of well adorned women. That evil one tried to explain to Nature in many ways, with respect, offering gifts, instilling fear, and creating dissention.

कह रावनु सुनु सुमुखि सयानी ।
मंदोदरी आदि सब रानी ॥
तव अनुचरीं करउँ पन मोरा ।
एकबार बिलोकु मम ओरा ॥
तृन धरि ओट कहति बैदेही ।
सुमिरि अवधपति परम सनेही ॥
सुनु दसमुख खद्योत प्रकासा ।
कबहुँ कि नलिनी करइ बिकासा ॥
अस मन समुझु कहति जानकी ।
खल सुधि नहिं रघुबीर बान की ॥

kaha rāvanu sunu sumukhi sayānī |
maṃdodarī ādi saba rānī ||
tava anucarīṃkarauṁ pana morā |
ekabāra biloku mama orā ||
tṛna dhari oṭa kahati baidehī |
sumiri avadhapati parama sanehī ||
sunu dasamukha khadyota prakāsā |
kabahuṁ ki nalinī karai bikāsā ||
asa mana samujhu kahati jānakī |
khala sudhi nahiṃ raghubīra bāna kī ||

কহ রাবনু সুনু সুমুখি সয়ানী ।
মংদোদরী আদি সব রানী ।।
তব অনুচরীং করউং পন মোরা ।
একবার বিলোকু মম ওরা ।।
তৃন ধরি ওট কহতি বৈদেহী ।
সুমিরি অবধপতি পরম সনেহী ।।
সুনু দসমুখ খদ্যোত প্রকাসা ।
কবহুং কি নলিনী করই বিকাসা ।।
অস মন সমুঝু কহতি জানকী ।
খল সুধি নহিং রঘুবীর বান কী ।।

Then Ego said to Her, "Oh One of Beautiful Face, oh Wise One, She Who Supports the Mind, and the other Queens, I will make them all your servants. This is my promise. Just look at me once."

Remembering the Lord of the Place of Peace with great love, Daughter of the One without a Body placed a blade of grass between them and said, "Listen One with Ten Heads, can a lotus blossom in the light of a fire-fly? Please make your mind understand the same of the Daughter of the One without a Body. You do not yet know the arrows of the Hero of Light.

सठ सूनें हरि आनेहि मोही ।
अधम निलज्ज लाज नहिं तोही ॥

saṭha sūneṃ hari ānehi mohī |
adhama nilajja lāja nahiṃ tohī ||

সঠ সূনে হরি আনেহি মোহী ।
অধম নিলজ্জ লাজ নহিং তোহি ।।

दो- आपुहि सुनि खद्योत सम
रामहि भानु समान ।
परुष बचन सुनि काढि असि
बोला अति खिसिआन ॥ ९ ॥

do- āpuhi suni khadyota sama
rāmahi bhānu samāna |
paruṣa bacana suni kāḍhi asi
bolā ati khisiāna || 9 ||

দো- আপুহি সুনি খদ্যোত সম
রামহি ভানু সমান ।
পরুষ বচন সুনি কাড়ি অসি
বোলা অতি খিসিআন ।। ৯ ।।

सीता तैं मम कृत अपमाना ।
कटिहउँ तव सिर कठिन कृपाना ॥

sītā taiṃ mama kṛta apamānā |
kaṭihaum̐ tava sira kaṭhina
kṛpānā ||

সীতা তৈং মম কৃত অপমানা ।
কটিহউং তব সির কঠিন
কৃপানা ।।

Listen oh sinner, lowly being without shame, you have no shame to have stolen me only when I was alone?"

dohā- Hearing himself compared to a fire-fly and Consciousness likened to the sun, and the other harsh words spoken, Ego unsheathed his sword in great anger and said, 9

"Nature, you have insulted me! I shall cut off your head with this infallible sword.

नाहिं त सपदि मानु मम बानी।
सुमुखि होति न त जीवन हानी॥
स्याम सरोज दाम सम सुंदर।
प्रभु भुज करि कर सम दसकंधर॥
सो भुज कंठ कि तव असि घोरा।
सुनु सठ अस प्रवान पन मोरा॥
चन्द्रहास हरु मम परितापं।
रघुपति बिरह अनल संजातं॥

nāhiṃ ta sapadi mānu mama bānī |
sumukhi hoti na ta jīvana hānī ||
syāma saroja dāma sama suṃdara |
prabhu bhuja kari kara sama dasakaṃdhara ||
so bhuja kaṃṭha ki tava asi ghorā |
sunu saṭha asa pravāna pana morā ||
candrahāsa haru mama paritāpaṃ |
raghupati biraha anala saṃjātaṃ ||

নাহিং ত সপদি মানু মম বানী ।
সুমুখি হোতি ন ত জীবন হানী ।।
স্যাম সারোজ দাম সম সুন্দর ।
প্রভু ভুজ করি কর সম দসকংধর ।।
সো ভুজ কংঠ কি তব অসি ঘোরা ।
সুনু সঠ অস প্রবান পন মোরা ।।
চন্দ্রহাস হরু মম পরিতাপং ।
রঘুপতি বিরহ অনল সংজাতং ।।

You obey my orders now, oh Beautiful Face, or else you will face harm to your life!"

Nature replied, "Oh One with Ten Heads, my Lord's arms are a beautiful dark color, long and strong like an elephant's trunk. If his arms do not take hold of my neck, then I will gladly give my neck to your fearful sword. Oh Fool, this is my solemn vow. Oh Who Shines Brighter than the Moon, the name of Rāvaṇa's sword, remove from me the fire of my separation from the Lord of Light.

सीतल निसित बहसि बर धारा ।
कह सीता हरु मम दुख भारा ॥
सुनत बचन पुनि मारन धावा ।
मयतनयाँ कहि नीति बुझावा ॥
कहेसि सकल निसिचरिन्ह बोलाई ।
सीतहि बहु बिधि त्रासहु जाई ॥
मास दिवस महु कहा न माना ।
तौ मैं मारबि काढि कृपाना ॥

sītala nisita bahasi bara dhārā |
kaha sītā haru mama dukha bhārā ||
sunata bacana puni mārana dhāvā |
mayatanayām̐ kahi nīti bujhāvā ||
kahesi sakala nisicarinha bolāī |
sītahi bahu bidhi trāsahu jāī ||
māsa divasa mahu kahā na mānā |
tau maiṃ mārabi kāḍhi kṛpānā ||

সীতল নিসিত বহসি বর ধারা ।
কহ সীতা হরু মম দুখ ভারা ।।
সুনত বচন পুনি মারন ধাবা ।
ময়তনয়াং কহি নীতি বুঝাবা ।।
কহেসি সকল নিসিচরিন্হ বোলাঈ ।
সীতহি বহু বিধি ত্রাসহু জাঈ ।।
মাস দিবস মহু কহা ন মানা ।
তৌ মৈং মারবি কাড়ি কৃপানা ।।

Oh One of Cooling Rays, you are excellent, unfailing and sharp. Take away my burden of pain."

Hearing those words of desire for death, the daughter of the demon Maya, She Who Supports the Mind, began to explain ethics to her husband, Ego. Then Ego called a number of demon women and instructed them to show Nature various kinds of fear. "If she does not agree within one month's time, then I shall cut off her head with this sword."

दो- भवन गयउ दसकंधर
इहाँ पिसाचिनि बृंद ।
सीतहि त्रास देखावहिं
धरहिं रूप बहु मंद ॥ १० ॥

do- bhavana gayau dasakaṃdhara
ihāṁ pisācini bṛṃda |
sītahi trāsa dekhāvahiṃ
dharahiṃ rūpa bahu maṃda || 10 ||

দো- ভবন গয়উ দসকংধর
ইহাং পিসাচিনি বৃংদ ।
সীতহি ত্রাস দেখাবহিং
ধরহি রূপ বহু মংদ ।। ১০ ।।

त्रिजटा नाम राच्छसी एका ।
राम चरन रति निपुन बिबेका ॥
सबन्हौ बोलि सुनाएसि सपना ।
सीतहि सेइ करहु हित अपना ॥
सपनें बानर लंका जारी ।
जातुधान सेना सब मारी ॥

trijaṭā nāma rācchasī ekā |
rāma carana rati nipuna bibekā ||
sabanhau boli sunāesi sapanā |
sītahi sei karahu hita apanā ||
sapanem bānara laṃkā jārī |
jātudhāna senā saba mārī ||

ত্রিজটা নাম রাচ্ছসী একা ।
রাম চরন রতি নিপুন বিবেকা ।।
সবন্হৌ বোলি সুনাএসি সপনা ।
সীতহি সেই করহু হিত অপনা ।।
সপনেং বানর লংকা জারী ।
জাতুধান সেনা সব মারী ।।

dohā- Thus issuing his command, the One with Ten Heads returned to his home, while the demon women began to show various forms of fears. 10

Who Has Three Locks of Matted Hair was the name of a demon woman, who had pure discrimination for the feet of Consciousness. She called all the women to tell them of her dream, that by serving Nature with devotion, they will all receive the highest welfare. "In the dream I saw that a monkey had set the Kingdom of the Ego on fire and killed all of the soldiers of our army.

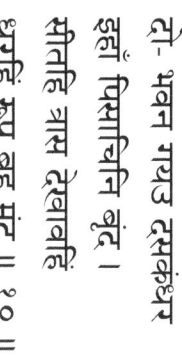

खर आरूढ नगन दससीसा ।
मुंडित सिर खंडित भुज बीसा ॥
एहि बिधि सो दच्छिन दिसि जाई ।
लंका मनहुँ बिभीषन पाई ॥
नगर फिरी रघुबीर दोहाई ।
तब प्रभु सीता बोलि पठाई ॥
यह सपना मैं कहहुँ पुकारी ।
होइहि सत्य गएँ दिन चारी ॥
तासु बचन सुनि ते सब डरीं ।
जनकसुता के चरनन्हि परीं ॥

khara ārūḍha nagana dasasīsā |
muṃḍita sira khaṃḍita bhuja bīsā ||
ehi bidhi so dacchina disi jāī |
laṃkā manahuṁ bibhīṣana pāī ||
nagara phirī raghubīra dohāī |
taba prabhu sītā boli paṭhāī ||
yaha sapanā maiṃ kahahuṁ pukārī |
hoihi satya gaeṁ dina cārī ||
tāsu bacana suni te saba ḍarīṃ |
janakasutā ke carananhi parīṃ ||

খর আরূঢ় নগন দসসীসা ।
মুণ্ডিত সির খণ্ডিত ভুজ বীসা ।।
এহি বিধি সো দচ্ছিন দিসি জাঈ ।
লংকা মনহুং বিভীষন পাঈ ।।
নগর ফিরি রঘুবীর দোহাঈ ।
তব প্রভু সীতা বোলি পঠাঈ ।।
য়হ সপনা মৈং কহহুং পুকারী ।
হোইহি সত্য গএং দিন চারী ।।
তাসু বচন সুনি তে সব ডরীং ।
জনকসুতা কে চরনন্হি পরীং ।।

The One with Ten Heads was naked with his head shaved and riding upon a donkey. His twenty arms were cut off. In this way he was riding towards the House of Death in the South, and Discrimination took command of the Kingdom of the Ego. In the city everyone was congratulating the Hero of Light. Then the Lord sent for Nature. I am telling you with a certainty that this dream will come true within four days."

Hearing these words all the women became afraid and bowed at the feet of the Daughter of The Cause.

दो- जहँ तहँ गईं सकल
तब सीता कर मन सोच ।
मास दिवस बीतें मोहि
मारिहि निसिचर पोच ॥ ११ ॥

त्रिजटा सन बोलीं कर जोरी ।
मातु बिपति संगिनि तैं मोरि ॥
तजौं देह करु बेगि उपाई ।
दुसह बिरहु अब नहिं सहि जाई ॥
आनि काठ रचु चिता बनाई ।
मातु अनल पुनि देहि लगाई ॥

do- jahaṁ tahaṁ gaīṃ sakala
taba sītā kara mana soca |
māsa divasa bīteṃ mohi
mārihi nisicara poca || 11 ||

trijaṭā sana bolīṃkara jorī |
mātu bipati saṃgini taiṃ mori ||
tajauṃ deha karu begi upāī |
dusaha birahu aba nahiṃ
sahi jāī ||
āni kāṭha racu citā banāī |
mātu anala puni dehi lagāī ||

দো- জহং তহং গঈং সকল
তব সীতা কর মন সোচ ।
মাস দিবস বীতেং মোহি
মারিহি নিসিচর পোচ ।। ১১ ।।

ত্রিজটা সন বোলীং কর জোরী ।
মাতু বিপতি সংগিনি তৈং মোরি ।।
তজৌং দেহ করু বেগি উপাঈ ।
দুসহ বিরহু অব নহিং সহি জাঈ ।।
আনি কাঠ রচু চিতা বনাঈ ।
মাতু অনল পুনি দেহি লগাঈ ।।

dohā- Then the women went to their various places, while Nature was left to think that in one month's time the Ego would come to kill her. 11

Then Nature folded her hands in respect and said to Who Has Three Locks of Matted Hair, "Oh Mother, you alone are with me in my time of adversity. Think of some way that I can leave this body, because I can no longer bear this pain. Bring some wood to make my pyre, and then light it with my body upon it.

सत्य करहि मम प्रीति सयानी ।
सुनै को श्रवन सूल सम बानी ॥
सुनत बचन पद गहि समुझाएसि ।
प्रभु प्रताप बल सुजसु सुनाएसि ॥
निसि न अनल मिल सुनु सुकुमारी ।
अस कहि सो निज भवन सिधारी ॥
कह सीता बिधि भा प्रतिकूला ।
मिलिहि न पावक मिटिहि न सूला ॥
देखिअत प्रगट गगन अंगारा ।
अवनि न आवत एकउ तारा ॥

satya karahi mama prīti sayānī |
sunai ko śravana sūla sama bānī ||
sunata bacana pada gahi samujhāesi |
prabhu pratāpa bala sujasu sunāesi ||
nisi na anala mila sunu sukumārī |
asa kahi so nija bhavana sidhārī ||
kaha sītā bidhi bhā pratikūlā |
milihi na pāvaka miṭihi na sūlā ||
dekhiata pragaṭa gagana aṃgārā |
avani na āvata ekau tārā ||

সত্য করহি মম প্রীতি সয়ানী ।
সুনৈ কো শ্রবন সূল সম বানী ।।
সুনত বচন পদ গহি সমুঝাএসি ।
প্রভু প্রতাপ বল সুজসু সুনাএসি ।।
নিসি ন অনল মিল সুনু সুকুমারী ।
অস কহি সো নিজ ভবন সিধারী ।।
কহ সীতা বিধি ভা প্রতিকূলা ।
মিলিহি ন পাবক মিটিহি ন সূলা ।।
দেখিঅত প্রগট গগন অংগারা ।
অবনি ন আবত একউ তারা ।।

Prove the truth of my love, oh Helper. Even to hear those evil words is like being wounded by a spear."

Hearing this statement, Who Has Three Locks of Matted Hair sat by her feet and began to explain about the strength, the illumination, and the excellent fame of the Lord. "Oh Wonderful Girl, no fire can be brought at night." And saying this she rose and went to her home.

Then Nature began to think, "God has got everything backwards. Neither can I have fire, nor will the pain subside. I can see sparks of fire in the sky, but not one star falls to earth.

पावकमय ससि स्रवत न आगी ।
मानहुँ मोहि जानि हतभागी ॥
सुनहि बिनय मम बिटप असोका ।
सत्य नाम करु हरु मम सोका ॥
नूतन किसलय अनल समाना ।
देहि अगिनि जनि करहि निदाना ॥
देखि परम बिरहाकुल सीता ।
सो छन कपिहि कलप सम बीता ॥

pāvakamaya sasi sravata na āgī |
mānahuṁ mohi jāni hatabhāgī ||
sunahi binaya mama biṭapa asokā |
satya nāma karu haru mama sokā ||
nūtana kisalaya anala samānā |
dehi agini jani karahi nidānā ||
dekhi parama birahākula sītā |
so chana kapihi kalapa sama bītā ||

পাবকময় সসি স্রবত ন আগী ।
মানহুং মোহি জানি হতভাগী ।।
সুনহি বিনয় মম বিটপ অসোকা ।
সত্য নাম করু হরু মম সোকা ।।
নূতন কিসলয় অনল সমানা ।
দেহি অগিনি জনি করহি নিদানা ।।
দেখি পরম বিরহাকুল সীতা ।
সো ছন কপিহি কলপ সম বীতা ।।

The moon is a manifestation of the light of fire, but hearing how fortune has left me, he won't allow me any. Hey Tree where there is no Grief! Hear my supplication! Take away my pain and prove your name to be true. The new shoots and leaves are of the color of fire. Give me fire. My sorrow has reached its limit!"

Seeing the unbearable distress of Nature in captivity, the monkey thought how he could quickly grant relief.

सो- कपि करि हृदयँ बिचार
दीन्हि मुद्रिका डारि तब ।
जनु असोक अंगार दीन्ह
हरषि उठि कर गहेउ ॥ १२ ॥

तब देखी मुद्रिका मनोहर ।
राम नाम अंकित अति सुंदर ॥
चकित चितव मुदरी पहिचानी ।
हरष बिषाद हृदयँ अकुलानी ॥
जीति को सकइ अजय रघुराई ।
माया तें असि रचि नहिं जाई ॥

so- kapi kari hṛdayaṁ bicāra
dīnhi mudrikā ḍāri taba |
janu asoka aṃgāra dīnha
harași uṭhi kara gaheu || 12 ||

taba dekhī mudrikā manohara |
rāma nāma aṃkita ati suṃdara ||
cakita citava mudarī pahicānī |
haraṣa biṣāda hṛdayaṁ akulānī ||
jīti ko sakai ajaya raghurāī |
māyā teṃ asi raci nahiṃ jāī ||

সো- কপি করি হৃদয়ং বিচার
দীন্হি মুদ্রিকা ডারি তব ।
জনু অসোক অংগার দীন্হ
হরষি উঠি কর গহেউ ।। ১২ ।।

তব দেখী মুদ্রিকা মনোহর ।
রাম নাম অংকিত অতি সুন্দর ।।
চকিত চিতব মুদরী পহিচানী ।
হরষ বিষাদ হৃদয়ং অকুলানী ।।
জীতি কো সকই অজয় রঘুরাঈ ।
মায়া তেং অসি রচি নহিং জাঈ ।।

soraṭhā- The monkey searched his own heart, and then dropped the ring of Consciousness from the tree. It fell before Nature, who knew it to be a spark of hope from the Tree where there is no Grief, and joyously she rose and put it on her hand. 12

Then she saw that beautiful ring was inscribed with the name of Consciousness in beautiful writing. Recognizing the ring she was filled with joy, and then again her heart became sad. She thought, "The King of Light is undefeatable, no one can defeat him. Yet such a ring cannot be made of magic."

सीता मन बिचार कर नाना ।
मधुर बचन बोलेउ हनुमाना ॥
रामचन्द्र गुन बरनैं लागा ।
सुनतहिं सीता कर दुख भागा ॥
लागीं सुनैं श्रवन मन लाई ।
आदिहु तें सब कथा सुनाई ॥
श्रवनामृत जेहिं कथा सुहाई ।
कही सो प्रगट होति किन भाई ॥
तब हनुमंत निकट चलि गयऊ ।
फिरि बैठीं मन बिसमय भयऊ ॥

sītā mana bicāra kara nānā |
madhura bacana boleu hanumānā ||
rāmacandra guna baranaiṃ lāgā |
sunatahiṃ sītā kara dukha bhāgā ||
lāgīṃsunaiṃ śravana mana lāī |
ādihu teṃ saba kathā sunāī ||
śravanāmṛta jehiṃ kathā suhāī |
kahī so pragaṭa hoti kina bhāī ||
taba hanumaṃta nikaṭa cali gayaū |
phiri baiṭhīṃmana bisamaya bhayaū ||

সীতা মন বিচার কর নানা ।
মধুর বচন বোলেউ হনুমানা ।।
রামচন্দ্র গুন বরনৈং লাগা ।
সুনতহিং সীতা কর দুখ ভাগা ।।
লাগীং শুনৈং শ্রবন মন লাঈ ।
আদিহু তেং সব কথা সুনাঈ ।।
শ্রবনামৃত জেহিং কথা সুহাঈ ।
কহী সো প্রগট হোতি কিন ভাঈ ।।
তব হনুমন্ত নিকট চলি গয়ঊ ।
ফিরি বৈঠীং মন বিসময় ভয়ঊ ।।

Nature's mind was filled with many thoughts, when Pure Devotion spoke in a sweet voice. He began to describe the qualities of Consciousness, and when Nature heard, all of her pain went away. She listened to the recitation of the entire story from the beginning with her ears and all of her mind in rapt attention. Then Nature said, "Oh Brother, who has let me hear the story of these nectar-like words? Why don't you let me see you?"

Then Pure Devotion came close to her. Seeing him, she sat down once again with a dejected mind filled with fear.

राम दूत मैं मातु जानकी ।
सत्य सपथ करुनानिधान की ॥
यह मुद्रिका मातु मैं आनी ।
दीन्हि राम तुम्ह कहँ सहिदानी ॥
नर बानरहिं संग कहु कैसें ।
कही कथा भइ संगति जैसें ॥

दो- कपि के बचन सप्रेम सुनि
उपजा मन बिस्वास ।
जाना मन क्रम बचन यह
कृपासिंधु कर दास ॥ १३ ॥

rāma dūta maiṃ mātu jānakī |
satya sapatha karunānidhāna kī ||
yaha mudrikā mātu maiṃ ānī |
dīnhi rāma tumha kahaṁ sahidānī ||
nara bānarahiṃ saṃga kahu kaiseṃ |
kahī kathā bhai saṃgati jaiseṃ ||

do- kapi ke bacana saprema suni
upajā mana bisvāsa |
jānā mana krama bacana yaha
kṛpāsiṃdhu kara dāsa || 13 ||

রাম দূত মৈং মাতু জানকী ।
সত্য সপথ করুনানিধান কী ।।
য়হ মুদ্রিকা মাতু মৈং আনী ।
দীন্হি রাম তুম্হ কহং সহিদানী ।।
নর বানরহিং সংগ কহু কৈসেং ।
কহী কথা ভই সংগতি জৈসেং ।।

দো- কপি কে বচন সপ্রেম সুনি
উপজা মন বিস্বাস ।
জানা মন ক্রম বচন য়হ
কৃপাসিন্ধু কর দাস ।। ১৩ ।।

Pure Devotion said, "Oh Divine Mother, Daughter of The Cause, I am the Ambassador of Consciousness. I swear upon an oath of the Giver of Compassion. This ring that I brought to you, Mother, was given to me by Consciousness so that you will recognize it."

"How did human beings and monkeys become friends?" asked Nature. Then Pure Devotion told her the entire story of their meeting.

dohā- The monkey's words that she heard conveyed such love, that her mind was filled with faith. She knew that by his mind, his actions and his words he had become the servant of the Ocean of Grace. 13

हरिजन जानि प्रीति अति गाढी ।
सजल नयन पुलकावलि बाढी ॥
बूडत बिरह जलधि हनुमाना ।
भयहु तात मो कहुँ जलजाना ॥
अब कहु कुसल जाउँ बलिहारी ।
अनुज सहित सुख भवन खरारी ॥
कोमलचित कृपाल रघुराई ।
कपि केहि हेतु धरी निठुराई ॥
सहज बानी सेवक सुख दायक ।
कबहुँक सुरति करत रघुनायक ॥

harijana jāni prīti ati gāḍhī |
sajala nayana pulakāvali bāḍhī ||
būḍata biraha jaladhi hanumānā |
bhayahu tāta mo kahum̐ jalajānā ||
aba kahu kusala jāum̐ balihārī |
anuja sahita sukha bhavana kharārī ||
komalacita kṛpāla raghurāī |
kapi kehi hetu dharī niṭhurāī ||
sahaja bānī sevaka sukha dāyaka |
kabahum̐ka surati karata raghunāyaka ||

হরিজন জানি প্রীতি অতি গাড়ী ।
সজল নয়ন পুলকাবলি বাড়ী ।।
বূড়ত বিরহ জলধি হনুমানা ।
ভয়হু তাত মো কহুং জলজানা ।।
অব কহু কুসল জাউং বলিহারী ।
অনুজ সহিত সুখ ভবন খরারী ।।
কোমলচিত কৃপাল রঘুরাঈ ।
কপি কেহি হেতু ধরী নিঠুরাঈ ।।
সহজ বানী সেবক সুখ দায়ক ।
কবহুংক সুরতি করত রঘুনায়ক ।।

Knowing him to be a man of God, she became filled with intense love. Her eyes filled with tears and her body began to tremble. She said, "Oh Beloved Pure Devotion, I was sinking in the ocean of distress when I found you to be my boat. Now tell me of the welfare of the all-blissful Consciousness who destroyed the demon Who is Always Harsh, and of the comfort of his Brother Determination. The King of Light is full of Grace and his consciousness is filled with compassion. Monkey, tell me for what reason he thought of this unbearable circumstance. Giving comfort and happiness to his servants is His intrinsic nature.

कबहुँ नयन मम सीतल ताता ।
होइहहिं निरखि स्याम मृदु गाता ॥
बचनु न आव नयन भरे बारी ।
अहह नाथ हैं निपट बिसारी ॥
देखि परम बिरहाकुल सीता ।
बोला कपि मृदु बचन बिनिता ॥
मातु कुसल प्रभु अनुज समेता ।
तव दुख दुखी सुकृपा निकेता ॥
जनि जननी मानहु जियँ ऊना ।
तुम्ह ते प्रेमु राम कें दूना ॥

kabahum̐ nayana mama sītala tātā |
hoihahiṃ nirakhi syāma mṛdu gātā ||
bacanu na āva nayana bhare bārī |
ahaha nātha haiṃ nipaṭa bisārī ||
dekhi parama birahākula sītā |
bolā kapi mṛdu bacana binitā ||
mātu kusala prabhu anuja sametā |
tava dukha dukhī sukṛpā niketā ||
jani jananī mānahu jiyam̐ ūnā |
tumha te premu rāma keṃ dūnā ||

কবহুং নয়ন মম সীতল তাতা ।
হোইহহিং নিরখি স্যাম মৃদু গাতা ।।
বচনু ন আব নয়ন ভরে বারী ।
অহহ নাথ হৈং নিপট বিসারী ।।
দেখি পরম বিরহাকুল সীতা ।
বোলা কপি মৃদু বচন বিনিতা ।।
মাতু কুসল প্রভু অনুজ সমেতা ।
তব দুখ দুখী সুকৃপা নিকেতা ।।
জনি জননী মানহু জিয়ং ঊনা ।
তুম্হ তে প্রেমু রাম কেং দূনা ।।

Does the Leader of Light ever remember me? Dear One, will my eyes ever become cool from falling tears from seeing his soft and tender body?" Her mouth could utter no further words, but tears began to fall from her eyes. Then with great pain she said, "Oh Lord, you have completely forgotten me!"

Seeing Nature in such pain, the monkey spoke to her in words of compassion and humility. "Oh Mother, the Lord, along with his younger brother, is well, but he is more pained than you. Oh Mother, Consciousness has twice the love for you in his heart.

दो- रघुपति कर संदेसु अब
सुनु जननी धरि धीर ।
अस कहि कपि गदगद भयउ
भरे बिलोचन नीर ॥ १४ ॥

do- raghupati kara saṃdesu aba
sunu jananī dhari dhīra |
asa kahi kapi gadagada bhayau
bhare bilocana nīra || 14 ||

দো- রঘুপতি কর সংদেসু অব
সুনু জননী ধরি ধীর ।
অস কহি কপি গদগদ ভয়উ
ভরে বিলোচন নীর ।। ১৪ ।।

कहेउ राम बियोग तव सीता ।
मो कहुँ सकल भए बिपरीता ॥
नव तरु किसलय मनहुँ कृसानू ।
कालनिसा सम निसि ससि भानू ॥
कुबलय बिपिन कुंत बन सरिसा ।
बारिद तपत तेल जनु बरिसा ॥

kaheu rāma biyoga tava sītā |
mo kahuṁ sakala bhae biparītā ||
nava taru kisalaya manahuṁ kṛsānū |
kālanisā sama nisi sasi bhānū ||
kubalaya bipina kuṃta bana sarisā |
bārida tapata tela janu barisā ||

কহেউ রাম বিয়োগ তব সীতা ।
মো কহুঁ সকল ভএ বিপরীতা ।।
নব তরু কিসলয় মনহুং কৃসানু ।
কালনিসা সম নিসি সসি ভানু ।।
কুবলয় বিপিন কুংত বন সরিসা ।
বারিদ তপত তেল জনু বরিসা ।।

dohā- "The Lord of Light sends you a message, so please have patience and listen." Thus saying the monkey became choked with emotion, and from his eyes fell tears of love. 14

"Since Nature has been separated from Consciousness, everything has become its opposite. The new shoots of trees appear like fire, night appears to be the dreadful night of dissolution, and the moon is as bright as the sun. Groves of lotuses appear as spears, clouds seem to rain oil,

जे हित रहे करत तेइ पीरा ।
उरग स्वास सम त्रिबिध समीरा ॥
कहेहू तें कछु दुख घटि होई ।
काहि कहौं यह जान न कोई ॥
तत्त्व प्रेम कर मम अरु तोरा ।
जानत प्रिया एकु मनु मोरा ॥
सो मनु सदा रहत तोहि पाहीं ।
जानु प्रीति रसु एतनेहि माहीं ॥
प्रभु संदेसु सुनत बैदेही ।
मगन प्रेम तन सुधि नहिं तेही ॥

**je hita rahe karata tei pīrā |
uraga svāsa sama tribidha samīrā ||
kahehū teṃ kachu dukha ghaṭi hoī |
kāhi kahauṃ yaha jāna na koī ||
tattva prema kara mama aru torā |
jānata priyā eku manu morā ||
so manu sadā rahata tohi pāhīṃ |
jānu prīti rasu etanehi māhīṃ ||
prabhu saṃdesu sunata baidehī |
magana prema tana sudhi nahiṃ tehī ||**

জে হিত রহে করত তেই পীরা ।
উরগ স্বাস সম ত্রিবিধ সমীরা ।।
কহেহূ তেং কছু দুখ ঘটি হোঈ ।
কাহি কহৌং য়হ জান ন কোঈ ।।
তত্ত্ব প্রেম কর মম অরু তোরা ।
জানত প্রিয়া একু মনু মোরা ।।
সো মনু সদা রহত তোহি পাহীং ।
জানু প্রীতি রসু এতনেহি মাহীং ।।
প্রভু সংদেসু সুনত বৈদেহী ।
মগন প্রেম তন সুধি নহিং তেহী ।।

what actions should have brought blessings only bring pain, and the three qualities of wind - cooling, pleasant and fragrant, now seem like the hot poisonous breath of a snake. A person's pain becomes a little less if they share it, but with whom can I speak who could understand? The truth of my love for you, my Beloved, only my mind can understand. And that mind is always with you. Know this to be the essence of our love." Listening to the message of the Lord, Daughter of the One without a Body became so absorbed in thoughts of love that she forgot her body.

कह कपि हृदयँ धीर धरु माता ।
सुमिरु राम सेवक सुखदाता ॥
उर आनहु रघुपति प्रभुताई ।
सुनि मम बचन तजहु कदराई ॥

kaha kapi hṛdayaṁ dhīra dharu mātā |
sumiru rāma sevaka sukhadātā ||
ura ānahu raghupati prabhutāī |
suni mama bacana tajahu kadarāī ||

কহ কপি হৃদয়ং ধীর ধরু মাতা ।
সুমিরু রাম সেবক সুখদাতা ।।
উর আনহু রঘুপতি প্রভুতাঈ ।
সুনি মম বচন তজহু কদরাঈ ।।

दो- निसिचर निकर पतंग सम
रघुपति बान कृसानु ।
जननी हृदयँ धीर धरु
जरे निसाचर जानु ॥ १५ ॥

do- nisicara nikara patamga sama
raghupati bāna kṛsānu |
jananī hṛdayaṁ dhīra dharu
jare nisācara jānu || 15 ||

দো- নিসিচর নিকর পতংগ সম
রঘুপতি বান কৃসানু ।
জননী হৃদয় ধীর ধরু
জরে নিসাচর জানু ।। ১৫ ।।

Then the monkey said, "Oh Mother, compose yourself and have patience in your heart. Remember Consciousness always grants comfort to those who serve without selfishness. Bring the Lordship of the Lord of Light into your heart. Listen to my words and give up this pain.

dohā- "The demons are like moths, while the arrows of the Lord of Light are like flames. Oh Mother, have courage in your heart and understand the demons will be consumed. 15

जौं रघुबीर होति सुधि पाई ।
करते नहिं बिलम्बु रघुराई ॥
राम बान रबि उएँ जानकी ।
तम बरूथ कहँ जातुधान की ॥
अबहिं मातु मैं जाउँ लवाई ।
प्रभु आयसु नहिं राम दोहाई ॥
कछुक दिवस जननी धरु धीरा ।
कपिन्ह सहित अइहहिं रघुबीरा ॥
निसिचर मारि तोहि लै जैहहिं ।
तिहुँ पर नारदादि जसु गैहहिं ॥

jauṃ raghubīra hoti sudhi pāī |
karate nahiṃ bilambu raghurāī ||
rāma bāna rabi uem̐ jānakī |
tama barūtha kaham̐ jātudhāna kī ||
abahiṃ mātu maiṃ jāum̐ lavāī |
prabhu āyasu nahiṃ rāma dohāī ||
kachuka divasa jananī dharu dhīrā |
kapinha sahita aihahiṃ raghubīrā ||
nisicara māri tohi lai jaihahiṃ |
tihum̐ para nāradādi jasu gaihahiṃ ||

জৌং রঘুবীর হোতি সুধি পাঈ ।
করতে নহিং বিলম্বু রঘুরাঈ ।।
রাম বান রবি উএং জানকী ।
তম বরূথ কহং জাতুধান কী ।।
অবহিং মাতু মৈং জাউং লবাঈ ।
প্রভু আয়সু নহিং রাম দোহাঈ ।।
কছুক দিবস জননী ধরু ধীরা ।
কপিন্হ সহিত অইহহিং রঘুবীরা ।।
নিসিচর মারি তোহি লৈ জৈহহিং ।
তিহুং পর নারদাদি জসু গৈহহিং ।।

"If the Hero of Light had known where you are, he would not have delayed so long. When the arrows of Consciousness come like the sun, Daughter of The Cause, then those who oppose him will be dispersed like the darkness. Oh Mother, I would take you away from here right now, but I swear upon Consciousness that I have no such order from the Lord. Mother, please be patient for a few days more, whereupon the Hero of Light will come along with the monkey army. He will slay the demons and take you away. Just like Nārada and other ṛṣis and munis said, the three worlds will sing his praise."

हैं सुत कपि सब तुम्हहि समाना ।
जातुधान अति भट बलवाना ॥
मोरें हृदय परम संदेहा ।
सुनि कपि प्रगट कीन्हि निज देहा ॥
कनक भूधराकार सरीरा ।
समर भयंकर अतिबल बीरा ॥
सीता मन भरोस तब भयऊ ।
पुनि लघु रूप पवनसुत लयऊ ॥

haiṃ suta kapi saba tumhahi samānā |
jātudhāna ati bhaṭa balavānā ||
moreṃ hṛdaya parama saṃdehā |
suni kapi pragaṭa kīnhi nija dehā ||
kanaka bhūdharākāra sarīrā |
samara bhayaṃkara atibala bīrā ||
sītā mana bharosa taba bhayaū |
puni laghu rūpa pavanasuta layaū ||

হৈং সুত কপি সব তুম্হহি সমানা ।
জাতুধান অতি ভট বলবানা ।।
মোরেং হৃদয় পরম সন্দেহা ।
সুনি কপি প্রগট কীন্হি নিজ দেহা ।।
কনক ভূধরাকার সরীরা ।
সমর ভয়ংকর অতিবল বীরা ।।
সীতা মন ভরোস তব ভয়ঊ ।
পুনি লঘু রূপ পবনসুত লয়ঊ।।

Nature asked, "Oh my son, are all the monkeys as small as you? The demons are all so big and strong. There is a great doubt in my mind."

Hearing these words, the monkey assumed his own body, the great golden body of a strong warrior as large as a mountain, seeing which would send fear into any opponent. Nature's mind was filled with faith, and the Son of the Wind again assumed his small form.

दो- सुनु माता साखामृग
नहिं बल बुद्धि बिसाल ।
प्रभु प्रताप तें गरुडहि
खाइ परम लघु ब्याल ॥ १६ ॥

do- sunu mātā sākhāmṛga
nahiṃ bala buddhi bisāla ।
prabhu pratāpa teṃ garuḍahi
khāi parama laghu byāla ॥ 16 ॥

দো- সুনু মাতা সাখামৃগ
নহিং বল বুদ্ধি বিসাল ।
প্রভু প্রতাপ তেং গরুড়হি
খাই পরম লঘু ব্যাল ।। ১৬ ।।

मन संतोष सुनत कपि बानी ।
भगति प्रताप तेज बल सानी ॥
आसिष दीन्हि रामप्रिय जाना ।
होहु तात बल सील निधाना ॥
अजर अमर गुननिधि सुत होहू ।
करहुँ बहुत रघुनायक छोहू ॥

mana saṃtoṣa sunata kapi bānī ।
bhagati pratāpa teja bala sānī ॥
āsiṣa dīnhi rāmapriya jānā ।
hohu tāta bala sīla nidhānā ॥
ajara amara gunanidhi suta hohū ।
karahum̐ bahuta raghunāyaka chohū ॥

মন সন্তোষ সুনত কপি বানী ।
ভগতি প্রতাপ তেজ বল সানী ।।
আসিষ দীন্হি রামপ্রিয় জানা ।
হোহু তাত বল সীল নিধানা ।।
অজর অমর গুননিধি সুত হোহূ ।
করহুং বহুত রঘুনায়ক ছোহূ ।।

dohā- "Listen, Mother, among the monkeys there is not a great deal of strength or intelligence. But from the Grace of the Lord a little snake can even eat the King of Birds." 16

Her mind was satisfied upon hearing the monkey's words, knowing him to be endowed with devotion, courage, light and strength. Understanding him to be the beloved of Consciousness, she gave him her blessings. "You will be filled with strength and virtue. Son, you will be free from old age and death, and all excellent qualities will reside in you.

करहुँ कृपा प्रभु अस सुनि काना ।
निर्भर प्रेम मगन हनुमाना ॥
बार बार नाएसि पद सीसा ।
बोला बचन जोरि कर कीसा ॥
अब कृतकृत्य भयउँ मैं माता ।
आसिष तव अमोघ बिख्याता ॥
सुनहु मातु मोहि अतिसय भूखा ।
लागि देखि सुंदर फल रूखा ॥
सुनु सुत करहिं बिपिन रखवारी ।
परम सुभट रजनीचर भारी ॥

karahuṁ kṛpā prabhu asa suni kānā |
nirbhara prema magana hanumānā ||
bāra bāra nāesi pada sīsā |
bolā bacana jori kara kīsā ||
aba kṛtakṛtya bhayauṁ maiṃ mātā |
āsiṣa tava amogha bikhyātā ||
sunahu mātu mohi atisaya bhūkhā |
lāgi dekhi suṃdara phala rūkhā ||
sunu suta karahiṃ bipina rakhavārī |
parama subhaṭa rajanīcara bhārī ||

করহুং কৃপা প্রভু অস সুনি কানা ।
নির্ভর প্রেম মগন হনুমানা ।।
বার বার নাএসি পদ সীসা ।
বোলা বচন জোরি কর কীসা ।।
অব কৃতকৃত্য ভয়উং মৈং মাতা ।
আসিষ তব অমোঘ বিখ্যাতা ।।
সুনহু মাতু মোহি অতিসয় ভূখা ।
লাগি দেখি সুন্দর ফল রূখা ।।
সুনু সুত করহিং বিপিন রখবারী ।
পরম সুভট রজনীচর ভারী ।।

May the Lord bestow His Grace on you!"

Hearing those words, Pure Devotion became lost in the fullness of love. Again and again he bowed his head to her feet and with hands folded in respect said, "Now I am certainly blessed, Mother. Your blessing is known as infallible without a doubt. Mother, listen. I have become very hungry seeing those beautiful fruits on the trees."

"Listen, my son, there are very big guards protecting this grove."

तिन्ह कर भय माता मोहि नाहीं । जौं तुम्ह सुख मानहु मन माहीं ॥	**tinha kara bhaya mātā mohi nāhīṃ । jauṃ tumha sukha mānahu mana māhīṃ ॥**	তিন্হ কর ভয় মাতা মোহি নাহীং । জৌং তুম্হ সুখ মানহু মন মাহীং ॥
दो- देखि बुद्धि बल निपुन कपि कहेउ जानकीं जाहु । रघुपति चरन हृदयँ धरि तात मधुर फल खाहु ॥ १७ ॥	**do- dekhi buddhi bala nipuna kapi kaheu jānakīṃjāhu । raghupati carana hṛdayaṁ dhari tāta madhura phala khāhu ॥ 17 ॥**	দো- দেখি বুদ্ধি বল নিপুন কপি কহেউ জানকীং জাহু । রঘুপতি চরন হৃদয়ং ধরি তাত মধুর ফল খাহু ॥ ১৭ ॥
चलेउ नाइ सिरु पैठेउ बागा । फल खाएसि तरु तोरैं लागा ॥	**caleu nāi siru paiṭheu bāgā । phala khāesi taru toraiṃ lāgā ॥**	চলেউ নাই সিরু পৈঠেউ বাগা । ফল খাএসি তরু তোরৈং লাগা ॥

"Mother, if you will not object to giving me your permission, I have no fear of them."

dohā- Seeing the impeccable intelligence and strength of the monkey, the Daughter of The Cause said, "Go, my son. Eat the sweet fruits."17

Bowing his head to her feet, he took her leave and entered into the grove. After eating many fruits, he began to uproot the trees.

रहे तहाँ बहु भट रखवारे ।
कछु मारेसि कछु जाइ पुकारे ॥
नाथ एक आवा कपि भारी ।
तेहिं असोक बाटिका उजारी ॥
खाएसि फल अरु बिटप उपारे ।
रच्छक मर्दि मर्दि महि डारे ॥
सुनि रावन पठए भट नाना ।
तिन्हहि देखि गर्जेउ हनुमाना ॥
सब रजनीचर कपि संघारे ।
गए पुकारत कछु अधमारे ॥

rahe tahāṁ bahu bhaṭa rakhavāre |
kachu māresi kachu jāi pukāre ||
nātha eka āvā kapi bhārī |
tehiṃ asoka bāṭikā ujārī ||
khāesi phala aru biṭapa upāre |
racchaka mardi mardi mahi ḍāre ||
suni rāvana paṭhae bhaṭa nānā |
tinhahi dekhi garjeu hanumānā ||
saba rajanīcara kapi saṃghāre |
gae pukārata kachu adhamāre ||

রহে তহাং বহু ভট রখবারে ।
কছু মারেসি কছু জাই পুকারে ।।
নাথ এক আবা কপি ভারী ।
তেহিং অসোক বাটিকা উজারী ।।
খাএসি ফল অরু বিটপ উপারে ।
রচ্ছক মর্দি মর্দি মহি ডারে ।।
সুনি রাবন পঠএ ভট নানা ।
তিন্হহি দেখি গর্জেউ হনুমানা ।।
সব রজনীচর কপি সংঘারে ।
গএ পুকারত কছু অধমারে ।।

There were many soldiers protecting the garden. Some were badly beaten and some ran to call for help. They said, "Oh Lord, a huge monkey has entered the grove where there is no grief and destroyed the grove. He ate the fruits, uprooted the trees, and fought with the guards and threw them to the ground."

When Ego heard this, he sent a number of soldiers, who began to roar when they saw Pure Devotion. Pure Devotion defeated the demons; some he killed and others fled from the battle.

पुनि पठयउ तेहिं अच्छकुमारा ।
चला संग लै सुभट अपारा ॥
आवत देखि बिटप गहि तर्जा ।
ताहि निपाति महाधुनि गर्जा ॥

puni paṭhayau tehiṃ acchakumārā |
calā saṃga lai subhaṭa apārā ||
āvata dekhi biṭapa gahi tarjā |
tāhi nipāti mahādhuni garjā ||

পুনি পঠয়উ তেহিং অচ্ছকুমারা ।
চলা সংগ লৈ সুভর্ট অপারা ।।
আবত দেখি বির্টপ গহি তর্জা ।
তাহি নিপাতি মহাধুনি গর্জা ।।

দো- कछु मारेसि कछु मर्देसि
कछु मिलएसि धरि धूरि ।
कछु पुनि जाइ पुकारे प्रभु
मर्कट बल भूरि ॥ १८ ॥

do- kachu māresi kachu mardesi
kachu milaesi dhari dhūri |
kachu puni jāi pukāre prabhu
markaṭa bala bhūri || 18 ||

দো- কছু মারেসি কছু মর্দেসি
কছু মিলএসি ধরি ধূরি ।
কছু পুনি জাই পুকারে প্রভু
মর্কর্ট বল ভূরি ।। ১৮ ।।

सुनि सुत बध लंकेस रिसाना ।
पठएसि मेघनाद बलवाना ॥

suni suta badha laṃkesa risānā |
paṭhaesi meghanāda balavānā ||

সুনি সুত বধ লংকেস রিসানা ।
পঠএসি মেঘনাদ বলবানা ।।

Then Ego sent his son, Ever Young, along with a force of undefeated warriors. Seeing them approaching, Pure Devotion took a huge tree in his hands and threw it at them with a great roar.

dohā- Some he slew, some he beat, some he threw down to the ground. Some again ran away to call for help from their Lord, saying the monkey is too strong for us. 18

Hearing the news of the death of his son, the Lord of the Kingdom of the Ego became angry, and sent his oldest son, Pride.

मारसि जनिं सुत बाँधेसु ताही ।
देखिअ कपिहि कहाँ कर आही ॥
चला इन्द्रजित अतुलित जोधा ।
बंधु निधन सुनि उपजा क्रोधा ॥
कपि देखा दारुन भट आवा ।
कटकटाइ गर्जा अरु धावा ॥
अति बिसाल तरु एक उपारा ।
बिरथ कीन्ह लंकेस कुमारा ॥
रहे महाभट ताके संगा ।
गहि गहि कपि मर्दइ निज अंगा ॥

mārasi jani suta bāṁdhesu tāhī |
dekhia kapihi kahāṁ kara āhī ||
calā indrajita atulita jodhā |
baṃdhu nidhana suni upajā krodhā ||
kapi dekhā dāruna bhaṭa āvā |
kaṭakaṭāi garjā aru dhāvā ||
ati bisāla taru eka upārā |
biratha kīnha laṃkesa kumārā ||
rahe mahābhaṭa tāke saṃgā |
gahi gahi kapi mardai nija aṃgā ||

মারসি জনি সুত বাংধেসু তাহী ।
দেখিঅ কপিহি কহাং কর আহী ।।
চলা ইন্দ্রজিত অতুলিত জোধা ।
বন্ধু নিধন সুনি উপজা ক্রোধা ।।
কপি দেখা দারুন ভট আবা ।
কটকটাই গর্জা অরু ধাবা ।।
অতি বিসাল তরু এক উপারা ।
বিরথ কীন্হ লংকেস কুমারা ।।
রহে মহাভট তাকে সংগা ।
গহি গহি কপি মর্দই নিজ অংগা ।।

He said, "My Son, don't kill him. Bring him here as a prisoner. I want to see who the monkey is and from where he has come."

Who Defeated Indra, the Ruler of Purity, (another name of Pride), was an incomparable warrior, who proceeded with great anger having heard of the death of his brother. The monkey saw the great warrior approaching, and he grit his teeth and began to roar. He uprooted a huge tree and threw it, breaking the chariot of his opponent, throwing the son of the Lord of the Kingdom of the Ego to the ground. With his hands he grabbed those large demon warriors who accompanied Pride, and crushed them with his body.

तिन्हहि निपाति ताहि सन बाजा ।
भिरे जुगल मानहुँ गजराजा ॥
मुठिका मारि चढा तरु जाई ।
ताहि एक छन मुरुछा आई ॥
उठि बहोरि कीन्हिसि बहु माया ।
जीति न जाइ प्रभंजन जाया ॥

दो- ब्रह्म अस्त्र तेहि साँधा
कपि मन कीन्ह बिचार ।
जौं न ब्रह्मसर मानउँ
महिमा मिटइ अपार ॥ १९ ॥

tinhahi nipāti tāhi sana bājā |
bhire jugala mānahuṁ gajarājā ||
muṭhikā māri caḍhā taru jāī |
tāhi eka chana muruchā āī ||
uṭhi bahori kīnhisi bahu māyā |
jīti na jāi prabhaṃjana jāyā ||

do- brahma astra tehi sāṁdhā
kapi mana kīnha bicāra |
jauṃ na brahmasara mānauṁ
mahimā miṭai apāra || 19 ||

তিন্হহি নিপাতি তাহি সন বাজা ।
ভিরে জুগল মানহুং গজরাজা ।।
মুঠিকা মারি চড়া তরু জাঈ ।
তাহি এক ছন মুরুছা আঈ ।।
উঠি বহোরি কীন্হিসি বহু মায়া ।
জীতি ন জাই প্রভংজন জায়া ।।

দো- ব্রহ্ম অস্ত্র তেহি সাংধা
কপি মন কীন্হ বিচার ।
জৌং ন ব্রহ্মসর মানউং
মহিমা মিটই অপার ।। ১৯ ।।

After defeating them, Pride again arose to do battle, which appeared to be a battle between two kings of elephants. Pure Devotion hit him with his fist and jumped into a tree, while the unconscious opponent fell to the ground. Again rising, Pride began to employ various forms of magic, but he was unable to defeat the Son of the Wind.

dohā- Ultimately Pride called upon the weapon of Creative Consciousness, and the monkey began to think, "If I don't respect the weapon of Creative Consciousness, then his greatness will be lessened in the world." 19

ब्रह्मबान कपि कहुँ तेहिं मारा ।
परतिहुँ बार कटकु संघारा ॥
तेहि देखा कपि मुरुछित भयऊ ।
नागपास बाँधेसि लै गयऊ ॥
जासु नाम जपि सुनहु भवानी ।
भव बंधन काटहिं नर ग्यानी ॥
तासु दूत कि बंध तरु आवा ।
प्रभु कारज लगि कपिहिं बँधावा ॥
कपि बंधन सुनि निसिचर धाए ।
कौतुक लागि सभाँ सब आए ॥

brahmabāna kapi kahuṁ tehiṃ mārā |
paratihuṁ bāra kaṭaku saṃghārā ||
tehi dekhā kapi muruchita bhayaū |
nāgapāsa bāṁdhesi lai gayaū ||
jāsu nāma japi sunahu bhavānī |
bhava baṃdhana kāṭahiṃ nara gyānī ||
tāsu dūta ki baṃdha taru āvā |
prabhu kāraja lagi kapihiṃ baṁdhāvā ||
kapi baṃdhana suni nisicara dhāe |
kautuka lāgi sabhāṁ saba āe ||

ব্রহ্মবান কপি কহুং তেহিং মারা ।
পরতিহুং বার কটকু সংঘারা ।।
তেহি দেখা কপি মুরুছিত ভয়ঊ ।
নাগপাস বাংধেসি লৈ গয়ঊ ।।
জাসু নাম জপি সুনহু ভবানী ।
ভব বন্ধন কাটহিং নর জ্ঞানী ।।
তাসু দূত কি বন্ধ তরু আবা ।
প্রভু কারজ লগি কপিহি বংধাবা ।।
কপি বংধন সুনি নিসিচর ধাএ ।
কৌতুক লাগি সভাং সব আএ ।।

Then Pride shot the arrow of Creative Consciousness at the monkey, and when he was struck, he fell from the tree upon a number of soldiers. When Pride saw the monkey laying unconscious, he bound him with the bonds of snakes and took him away. Śiva said, "Oh Mother of the Universe, listen. He whose name is recited by wise men in order to cut the bonds of the ocean of worldliness, is it possible that His Ambassador can be bound? But in order to accomplish the Lord's work, the monkey bound himself."

Hearing that the monkey had been bound and was being taken to the King's court, demons came to witness the spectacle.

दसमुख सभा दीखि कपि जाई ।
कहि न जाइ कछु अति प्रभुताई ॥
कर जोरें सुर दिसिप बिनीता ।
भृकुटि बिलोकत सकल सभीता ॥
देखि प्रताप न कपि मन संका ।
जिमि अहिगन महुँ गरुड असंका ॥

dasamukha sabhā dīkhi kapi jāī ।
kahi na jāi kachu ati prabhutāī ॥
kara jorem sura disipa binītā ।
bhṛkuṭi bilokata sakala sabhītā ॥
dekhi pratāpa na kapi mana saṃkā ।
jimi ahigana mahum̐ garuḍa asaṃkā ॥

দসমুখ সভা দীখি কপি জাঈ ।
কহি ন জাই কছু অতি প্রভুতাঈ ॥
কর জোরেং সুর দিসিপ বিনীতা ।
ভৃকুটি বিলোকত সকল সভীতা ॥
দেখি প্রতাপ ন কপি মন সংকা ।
জিমি অহিগন মহুং গরুড় অসংকা ॥

दो- कपिहि बिलोकि दसानन
बिहसा कहि दुर्बाद ।
सुत बध सुरति कीन्हि पुनि
उपजा हृदयँ बिषाद ॥ २० ॥

do- kapihi biloki dasānana
bihasā kahi durbāda ।
suta badha surati kīnhi puni
upajā hṛdayam̐ biṣāda ॥ 20 ॥

দো- কপিহি বিলোকি দসানন
বিহসা কহি দুর্বাদ ।
সুত বধ সুরতি কীন্হি পুনি
উপজা হৃদয়ং বিষাদ ॥ ২০ ॥

Arriving in the court of the One with Ten Heads, the monkey saw the indescribable wealth and power of the Lord of the Kingdom of the Ego. The Gods and Protectors of the Ten Regions bowed to Pure Devotion with hands folded in respect, being filled with fear. Seeing all of the splendor, the monkey remained free from doubt, just like the King of Birds amidst a number of snakes.

dohā- Seeing the monkey bound in chains, the One with Ten Heads laughed and mocked his captive. Then he remembered his son's death and his heart was filled with sadness. 20

कह लंकेस कवन तैं कीसा ।
कहि कें बल घालेहि बन खीसा ॥
की धौं श्रवन सुनेहि नहिं मोही ।
देखउँ अति असंक सठ तोही ॥
मारे निसिचर केहिं अपराधा ।
कहु सठ तोहि न प्रान कइ बाधा ॥
सुनु रावन ब्रह्मांड निकाया ।
पाइ जासु बल बिरचति माया ॥
जाकें बल विरंचि हरि ईसा ।
पालत सृजत हरत दससीसा ॥

kaha laṃkesa kavana taiṃ kīsā |
kahi keṃ bala ghālehi bana khīsā ||
kī dhauṃ śravana sunehi nahiṃ mohī |
dekhauṁ ati asaṃka saṭha tohī ||
māre nisicara kehiṃ aparādhā |
kahu saṭha tohi na prāna kai bādhā ||
sunu rāvana brahmāṃḍa nikāyā |
pāi jāsu bala biracati māyā ||
jākeṃ bala viraṃci hari īsā |
pālata sṛjata harata dasasīsā ||

কহ লংকেস কবন তৈং কীসা ।
কহি কেং বল ঘালেহি বন খীসা ।।
কী ধৌং শ্রবন সুনেহি নহিং মোহী ।
দেখউং অতি অসংক সঠ তোহী ।।
মারে নিসিচর কেহিং অপরাধা ।
কহু সঠ তোহি ন প্রান কই বাধা ।।
সুনু রাবন ব্রহ্মাণ্ড নিকায়া ।
পাই জাসু বল বিরচতি মায়া ।।
জাকেং বল বিরংচি হরি ঈসা ।
পালত সৃজত হরত দসসীসা ।।

The Lord of the Kingdom of the Ego said, "Who are you Monkey, and by whose strength have you uprooted and destroyed my grove? Have you never heard of my fame? You Fool! I see you standing there without any doubts or fear. For what fault did you slay my demon warriors? Have you no fear of losing your life?"

Pure Devotion replied, "Listen Ego, by whose Power the entire existence has manifested from Māyā, the measurement of Consciousness; oh One with Ten Heads, by whose Power Creative Consciousness, Brahmā, Who Takes Away Adversity (Viṣṇu), and Seer of All (Śiva), create, protect and transform;

जा बल सीस धरत सहसानन ।
अंडकोस समेत गिरि कानन ॥
धरइ जो बिबिध देह सुरत्राता ।
तुम्ह से सठन्ह सिखावनु दाता ॥
हर कोदंड कठिन जेहिं भंजा ।
तेहि समेत नृप दल मद गंजा ॥
खर दूषन त्रिसिरा अरु बाली ।
बधे सकल अतुलित बलसाली ॥

jā bala sīsa dharata sahasānana |
aṃḍakosa sameta giri kānana ||
dharai jo bibidha deha suratrātā |
tumha se saṭhanha sikhāvanu dātā ||
hara kodaṃḍa kaṭhina jehiṃ bhaṃjā |
tehi sameta nṛpa dala mada gaṃjā ||
khara dūṣana trisirā aru bālī |
badhe sakala atulita balasālī ||

জা বল সীস ধরত সহসানন ।
অংডকোস সমেত গিরি কানন ।।
ধরই জো বিবিধ দেহ সুরত্রাতা ।
তুম্হ সে সঠন্হ সিখাবনু দাতা ।।
হর কোদংড কঠিন জেহিং ভংজা ।
তেহি সমেত নৃপ দল মদ গংজা ।।
খর দূষন ত্রিসিরা অরু বালি ।
বধে সকল অতুলিত বলসালি ।।

by whose Power the thousand headed snake, Infinity, supports the entire creation upon his head, with mountains and forests; who wears different bodies in order to protect the Gods and to teach fools like yourself the ways of righteousness; who broke Śiva's mighty bow, and who ground to dust the pride of all the kings; who killed Who is Always Harsh, Who Manifests Evil, Who Has Three Heads, and Who Has Immeasurable Strength, who was the strongest of all;

दो- जाके बल लवलेस तें
जितेहु चराचर झारि ।
तासु दूत मैं जा करि
हरि आनेहु प्रिय नारी ॥ २१ ॥

do- jāke bala lavalesa teṃ
jitehu carācara jhāri |
tāsu dūta maiṃ jā kari
hari ānehu priya nārī || 21 ||

দো- জাকে বল লবলেস তেং
জিতেহু চরাচর ঝারি ।
তাসু দূত মৈং জা করি
হরি আনেহু প্রিয় নারী ।। ২১ ।।

जानउँ मैं तुम्हारि प्रभुताई ।
सहसबाहु सन परी लराई ॥
समर बालि सन करि जसु पावा ।
सुनि कपि बचन बिहसि बिहरावा ॥
खायउँ फल प्रभु लागी भूँखा ।
कपि सुभाव तें तोरेउँ रूखा ॥

jānaum̐ maiṃ tumhāri prabhutāī |
sahasabāhu sana parī larāī ||
samara bāli sana kari jasu pāvā |
suni kapi bacana bihasi biharāvā ||
khāyaum̐ phala prabhu lāgī bhūm̐khā |
kapi subhāva teṃ toreum̐ rūkhā ||

জানউং মৈং তুম্হারি প্রভুতাঈ ।
সহসবাহু সন পরি লরাঈ ।।
সমর বালি সন করি জসু পাবা ।
সুনি কপি বচন বিহসি বিহরাবা ।।
খায়উং ফল প্রভু লাগি ভূংখা ।
কপি সুভাব তেং তোরউং রূখা ।।

dohā- "by a fraction of whose Power you were able to conquer the entire world which moves and does not move, and whose beloved wife you stole away like a thief, I am His Ambassador. 21

"I know very well your claims to Lordship, Ego, how you fought with The One With a Thousand Arms, and how you attained fame fighting with Who Has Immeasurable Strength!"

Hearing the monkey's words, Ego laughed in derision. Pure Devotion continued, "I ate your fruits, oh King, because I was hungry, and because of the nature of a monkey (swinging in the trees), the trees broke.

सब कें देह परम प्रिय स्वामी ।
मारहिं मोहि कुमारग गामी ॥
जिन्ह मोहि मारा ते मैं मारे ।
तेहि पर बाँधेउँ तनयँ तुम्हारे ॥
मोहि न कछु बाँधे कइ लाजा ।
कीन्ह चहउँ निज प्रभु कर काजा ॥
बिनती करउँ जोरि कर रावन ।
सुनहु मान तजि मोर सिखावन ॥
देखहु तुम्ह निज कुलहि बिचारी ।
भ्रम तजि भजहु भगत भय हारी ॥

saba kem̥ deha parama priya svāmī |
mārahim̥ mohi kumāraga gāmī ||
jinha mohi mārā te maim̥ māre |
tehi para bām̐dheum̐ tanayam̐ tumhāre ||
mohi na kachu bām̐dhe kai lājā |
kīnha cahaum̐ nija prabhu kara kājā ||
binatī karum̐ jori kara rāvana |
sunahu māna taji mora sikhāvana ||
dekhahu tumha nija kulahi bicārī |
bhrama taji bhajahu bhagata bhaya hārī ||

সব কেং দেহ পরম প্রিয় স্বামী ।
মারহিং মোহি কুমারগ গামী ।।
জিন্হ মোহি মারা তে মৈং মারে ।
তেহি পর বাংধেউং তনয়ং তুম্হারে ।।
মোহি ন কছু বাংধে কই লাজা ।
কীন্হ চহউং নিজ প্রভু কর কাজা ।।
বিনতী করউং জোরি কর রাবন ।
সুনহু মান তজি মোর সিখাবন ।।
দেখহু তুম্হ নিজ কুলহি বিচারী ।
ভ্রম তজি ভজহু ভগত ভয় হারী ।।

Everyone's body is most beloved to him, so I was forced to defend myself from your evil guards. Whoever attacked me, I was forced to fight back. In this your son bound me and brought me as a prisoner. But have you no shame in binding me as a captive? I have come here desiring to perform my Lord's work. Hey Ego, with folded hands I plead with you, leave your egotism and accept my teaching. Think of the purity of your family traditions, leave this confusion, and celebrate the Supreme Divinity who removes all fear from devotees.

जाकें डर अति काल डेराई । जो सुर असुर चराचर खाई ॥ तासों बयरु कबहुँ नहिं कीजै । मोरे कहें जानकी दीजै ॥	**jākeṃ ḍara ati kāla ḍerāī | jo sura asura carācara khāī || tāsoṃ bayaru kabahuṁ nahiṃ kījai | more kaheṃ jānakī dījai ||**	জাকেং ডর অতি কাল ডেরাঈ । জো সুর অসুর চরাচর খাঈ ।। তাসোং বয়রু কবহুং নহিং কীজৈ । মোরে কহেং জানকী দীজৈ ।।
दो- प्रनतपाल रघुनायक करुना सिंधु खरारि । गएँ सरन प्रभु राखिहैं तव अपराध बिसारि ॥ २२ ॥	**do- pranatapāla raghunāyaka karunā siṃdhu kharāri | gaeṁ sarana prabhu rākhihaiṃ tava aparādha bisāri || 22 ||**	দো- প্রনতপাল রঘুনায়ক করুনা সিন্ধু খরারি । গএং সরন প্রভু রাখিহৈং তব অপরাধ বিসারি ।। ২২ ।।
राम चरन पंकज उर धरहू । लंका अचल राजु तुम्ह करहू ॥	**rāma carana paṃkaja ura dharahū | laṃkā acala rāju tumha karahū ||**	রাম চরন পংকজ উর ধরহু । লংকা অচল রাজু তুম্হ করহু ।।

Even All-Mighty Time fears Him, who dissolves the forces of unity, the forces of division, and the entire creation which moves and does not move. Do not cultivate his enmity. Heed my request and return the Daughter of The Cause.

dohā- "The Leader of Light, the Slayer of Who is Always Harsh, the Protector of Life, is an ocean of compassion. For those who take refuge in the Lord, He forgets all offenses. 22

"Keep the lotus feet of Consciousness in your heart, and enjoy the undisputed sovereignty of your kingdom.

रिषि पुलस्ति जसु बिमल मयंका ।
तेहि ससि महुँ जनि होहु कलंका ॥
राम नाम बिनु गिरा न सोहा ।
देखु बिचारि त्यागि मद मोहा ॥
बसन हीन नहिं सोह सुरारी ।
सब भूषन भूषित बर नारी ॥
राम बिमुख संपति प्रभुताई ।
जाइ रही पाई बिनु पाई ॥
सजल मूल जिन्ह सरितन्ह नाहीं ।
बरषि गएँ पुनि तबहिं सुखाहीं ॥

riṣi pulasti jasu bimala mayaṃkā |
tehi sasi mahuṁ jani hohu kalaṃkā ||
rāma nāma binu girā na sohā |
dekhu bicāri tyāgi mada mohā ||
basana hīna nahiṃ soha surārī |
saba bhūṣana bhūṣita bara nārī ||
rāma bimukha saṃpati prabhutāī |
jāi rahī pāī binu pāī ||
sajala mūla jinha saritanha nāhīṃ |
baraṣi gaeṁ puni tabahiṃ sukhāhīṃ ||

রিষি পুলস্তি জসু বিমল মযংকা ।
তেহি সসিমহুং জনি হোহু কলংকা ।।
রাম নাম বিনু গিরা ন সোহা ।
দেখু বিচারি ত্যাগি মদ মোহা ।।
বসন হীন নহিং সোহ সুরারী ।
সব ভূষন ভূষিত বর নারী ।।
রাম বিমুখ সম্পতি প্রভুতাঈ ।
জাই রহি পাঈ বিনু পাঈ ।।
সজল মূল জিন্হ সরিতন্হ নাহীং ।
বরষি গএং পুনি তবহিং সুখাহীং ।।

The fame of Ṛṣi Pulasti's lineage (from which you are descended) is as spotless as the moon. Do not allow yourself to become a stain. Words have no charm without the name of Consciousness. Leave your intoxicated delusion and think carefully. Oh Enemy of the Gods, a beautiful woman without clothes is not respectfully regarded, no matter how many ornaments she wears. Without Consciousness all the wealth of a man is worthless, whether he attains his goals or not. A river which only flows during the rainy season, immediately dries up when the rain has stopped.

सुनु दसकन्ठ कहउँ पन रोपी ।
बिमुख राम त्राता नहिं कोपी ॥
संकर सहस बिष्नु अज तोही ।
सकहिं न राखि राम कर द्रोही ॥

sunu dasakaṇṭha kahauṁ pana ropī |
bimukha rāma trātā nahiṃ kopī ||
saṃkara sahasa biṣṇu aja tohī |
sakahiṃ na rākhi rāma kara drohī ||

সুনু দসকন্ঠ কহউং পন রোপী ।
বিমুখ রাম ত্রাতা নহিং কোপী ।।
সংকর সহস বিষ্ণু অজ তোহী ।
সকহিং ন রাখি রাম কর দ্রোহী ।।

দো- मोहमूल बहु सूल प्रद
त्यागहु तम अभिमान ।
भजहु राम रघुनायक
कृपा सिंधु भगवान ॥ २३ ॥

do- mohamūla bahu sūla prada
tyāgahu tama abhimāna |
bhajahu rāma raghunāyaka
kṛpā siṃdhu bhagavāna || 23 ||

দো- মোহমূল বহু সূল প্রদ
ত্যাগহু তম অভিমান ।
ভজহু রাম রঘুনায়ক
কৃপা সিন্ধু ভগবান ।। ২৩ ।।

Listen One With Ten Heads, I personally testify that one who is without Consciousness will find no one to protect him. Not even a thousand Śivas, Viṣṇus and Brahmās can save one who has turned away from Consciousness.

dohā- "Renounce the root of delusion, the darkness of your egotism, which is the source of all pain, and worship the Supreme Divinity Consciousness, the Leader of Light, the Ocean of Grace." 23

जदपि कही कपि अति हित बानी।
भगति बिबेक बिरति नय सानी॥
बोला बिहसि महा अभिमानी।
मिला हमहि कपि गुर बढ ग्यानि॥
मृत्यु निकट आई खल तोही।
लागेसि अधम सिखावन मोहि॥
उलटा होइहि कह हनुमाना।
मतिभ्रम तोर प्रगट मैं जाना॥
सुनि कपि बचन बहुत खिसिआना।
बेगि न हरहु मूढ कर प्राना॥

jadapi kahī kapi ati hita bānī |
bhagati bibeka birati naya sānī ||
bolā bihasi mahā abhimānī |
milā hamahi kapi gura baḍha gyāni ||
mṛtyu nikaṭa āī khala tohī |
lāgesi adhama sikhāvana mohi ||
ulaṭā hoihi kaha hanumānā |
matibhrama tora pragaṭa maiṃ jānā ||
suni kapi bacana bahuta khisiānā |
begi na harahu mūḍha kara prānā ||

জদপি কহী কপি অতি হিত বানী ।
ভগতি বিবেক বিরতি নয় সানী ।।
বোলা বিহসি মহা অভিমানী ।
মিলা হমহি কপি গুর বড় জ্ঞানি ।।
মৃত্যু নিকট আঈ খল তোহী ।
লাগেসি অধম সিখাবন মোহী ।।
উলটা হোইহি কহ হনুমানা ।
মতিভ্রম তোর প্রগট মৈং জানা ।।
সুনি কপি বচন বহুত খিসিআনা ।
বেগি ন হরহু মূঢ় কর প্রানা ।।

The monkey tried to speak beneficial words about devotion, discrimination, renunciation and ethics, but the great egotist laughed saying, "I have found a very wise monkey to be my Guru! Hey evil one, lowly one, you are teaching me? Death will come to you!"

Pure Devotion replied, "It will be in reverse. I clearly perceive that your mind is in confusion."

Hearing the monkey's words, he became extremely agitated and called to his soldiers, "Why don't you quickly take the life of this fool?"

सुनत निसाचर मारन धाए।
सचिवन्ह सहित बिभीषनु आए॥
नाइ सीस करि बिनय बहूता।
नीति बिरोध न मारिअ दूता॥
आन दंड कछु करिअ गोसाँई।
सबहीं कहा मंत्र भल भाई॥
सुनत बिहसि बोला दसकंधर।
अंग भंग करि पठइअ बंदर॥

sunata nisācara mārana dhāe |
sacivanha sahita bibhīṣanu āe ||
nāi sīsa kari binaya bahūtā |
nīti birodha na māria dūtā ||
āna daṃḍa kachu karia gosāṁī |
sabahīṃ kahā maṃtra bhala bhāī ||
sunata bihasi bolā dasakaṃdhara |
aṃga bhaṃga kari paṭhaia baṃdara ||

সুনত নিসাচর মারন ধাএ ।
সচিবন্হ সহিত বিভীষনু আএ ।।
নাই সীস করি বিনয় বহূতা ।
নীতি বিরোধ ন মারিঅ দূতা ।।
আন দণ্ড কছু করিঅ গোসাংঈ ।
সবহিং কহা মন্ত্র ভল ভাঈ ।।
সুনত বিহসি বোলা দসকন্ধর ।
অংগ ভংগ করি পঠইঅ বন্দর ।।

Receiving this order, the soldiers were ready to strike, when Discrimination came forward from among the council of ministers. He bowed his head in humility and said that it is against the ethics of public policy to kill an Ambassador. "Oh Master," he said. "Choose another punishment." All agreed that this was most excellent.

Hearing this, the One With Ten Heads said, "Break the limbs of the monkey and send him back.

दो- कपि कें ममता पूँछ पर
सबहि कहउँ समुझाइ ।
तेल बोरि पट बाँधि पुनि
पावक देहु लगाइ ॥ २४ ॥

do- kapi keṃ mamatā pūm̐cha para
sabahi kahum̐ samujhāi |
tela bori paṭa bām̐dhi puni
pāvaka dehu lagāi || 24 ||

দো- কপি কেং মমতা পূংছ পর
সবহি কহউং সমুঝাই ।
তেল বোরি পট বাংধি পুনি
পাবক দেহু লগাই ।। ২৪ ।।

पूँछ हीन बानर तहँ जाइहि ।
तब सठ निज नाथहि लइ आइहि ॥
जिन्ह कै कीन्हिसि बहुत बडाई ।
देखउँ मैं तिन्ह कै प्रभुताई ॥
बचन सुनत कपि मन मुसुकाना ।
भइ सहाय सारद मैं जाना ॥

pūm̐cha hīna bānara taham̐ jāihi |
taba saṭha nija nāthahi lai āihi ||
jinha kai kīnhisi bahuta baḍāī |
dekhaum̐ maiṃ tinha kai prabhutāī ||
bacana sunata kapi mana musukānā |
bhai sahāya sārada maiṃ jānā ||

পূংছ হীন বানর তহং জাইহি ।
তব সঠ নিজ নাথহি লই আইহি ।।
জিন্হ কৈ কীন্হিসি বহুত বড়াঈ ।
দেখউং মৈং তিন্হ কৈ প্রভুতাঈ ।।
বচন সুনত কপি মন মুসুকানা ।
ভই সহায় সারদ মৈং জানা ।।

dohā- "I have understood from all that monkeys have great attachment to their tails. Therefore, soak cloths in oil and tie them around his tail, and then set it on fire. 24

"When the monkey will return to his master without a tail, then the fool will return here with his lord. I will be able to see the greatness of he who has been praised so lavishly."

When the monkey heard this, he smiled to himself and thought, "I know that Sarasvatī, Goddess of Knowledge, has helped us in giving him this idea."

जातुधान सुनि रावन बचना ।
लागे रचैं मूढ़ सोइ रचना ॥
रहा न नगर बसन घृत तेला ।
बाढ़ी पूँछ कीन्ह कपि खेला ॥
कौतुक कहँ आए पुरबासी ।
मारहिं चरन करहिं बहु हाँसी ॥
बाजहिं ढोल देहिं सब तारी ।
नगर फेरि पुनि पूँछ प्रजारी ॥
पावक जरत देखि हनुमंता ।
भयउ परम लघुरूप तुरंता ॥

jātudhāna suni rāvana bacanā |
lāge racaiṃ mūḍha soi racanā ||
rahā na nagara basana ghṛta telā |
bāḍhī pūṁcha kīnha kapi khelā ||
kautuka kahaṁ āe purabāsī |
mārahiṃ carana karahiṃ bahu hāṁsī ||
bājahiṃ ḍhola dehiṃ saba tārī |
nagara pheri puni pūṁcha prajārī ||
pāvaka jarata dekhi hanumaṃtā |
bhayu parama laghurūpa turaṃtā ||

জাতুধান সুনি রাবন বচনা ।
লাগে রচৈং মূঢ় সোই রচনা ।।
রহা ন নগর বসন ঘৃত তেলা ।
বাড়ী পূংছ কীন্থ কপি খেলা ।।
কৌতুক কহং আএ পুরবাসী ।
মারহিং চরন করহিং বহু হাংসী ।।
বাজহিং ঢোল দেহিং সব তারী ।
নগর ফেরি পুনি পূংছ প্রজারী ।।
পাবক জরত দেখি হনুমন্তা ।
ভয়উ পরম লঘুরূপ তুরন্তা ।।

Obeying the order of the Ego, the foolish demons began preparations to set the tail on fire. In play the monkey made his tail longer, so that there was not enough cloth, ghee or oil in the city to cover the tail. The citizens came to see the spectacle, and hurled insults and laughed at his plight and kicked him with their feet. They played the drums and clapped their hands, while the monkey was led through the streets of the city.

When Pure Devotion saw that his tail was set on fire, he immediately assumed an extremely small form.

निबुकि चढेउ कपि कनक अटारीं।
भई सभीत निसाचर नारीं॥

nibuki caḍheu kapi kanaka aṭārīṃ |
bhaīṃ sabhīta nisācara nārīṃ ||

নিবুকি চঢ়েউ কপি কনক অটারীং ।
ভঈং সভীত নিসাচর নারীং ।।

दो- हरि प्रेरित तेहि अवसर
चले मरुत उनचास।
अट्टहास करि गर्जा कपि
बढि लाग अकास॥ २५॥

do- hari prerita tehi avasara
cale maruta unacāsa |
aṭahāsa kari garjā kapi
baḍhi lāga akāsa || 25 ||

দো- হরি প্রেরিত তেহি অবসর
চলে মরুত উনচাস ।
অট্টহাস করি গর্জা কপি
বঢ়ি লাগ অকাস ।। ২৫ ।।

देह बिसाल परम हरुआई।
मन्दिर तें मन्दिर चढ धाई॥

deha bisāla parama haruāī |
mandira teṃ mandira caḍha dhāī ||

দেহ বিসাল পরম হরুআঈ ।
মন্দির তেং মন্দির চঢ় ধাঈ ।।

Slipping out from his bonds, he jumped to the heights of the golden ramparts of the city. Seeing him the women became filled with fear.

dohā- At the inspiration of God, the winds began to blow. The monkey roared with a loud laugh and made his body to grow until it touched the sky. 25

Even though his body was so huge, it was very light in weight. He ran and sprang from palace to palace.

जरइ नगर भा लोग बिहाला ।
झपट लपट बहु कोटि कराला ॥
तात मातु हा सुनिअ पुकारा ।
एहिं अवसर को हमहि उबारा ॥
हम जो कहा यह कपि नहिं होई ।
बानर रूप धरें सुर कोई ॥
साधु अवग्या कर फलु ऐसा ।
जरइ नगर अनाथ कर जैसा ॥
जारा नगरु निमिष एक माहीं ।
एक बिभीषन कर गृह नाहीं ॥

jarai nagara bhā loga bihālā |
jhapaṭa lapaṭa bahu koṭi karālā ||
tāta mātu hā sunia pukārā |
ehiṃ avasara ko hamahi ubārā ||
hama jo kahā yaha kapi nahiṃ hoī |
bānara rūpa dhareṃ sura koī ||
sādhu avagyā kara phalu aisā |
jarai nagara anātha kara jaisā ||
jārā nagaru nimiṣa eka māhīṃ |
eka bibhīṣana kara gṛha nāhīṃ ||

জরই নগর ভা লোগ বিহালা ।
ঝপর্ট লপর্ট বহু কোর্টি করালা ।।
তাত মাতু হা সুনিঅ পুকারা ।
এহিং অবসর কো হমহি উবারা ।।
হম জো কহা য়হ কপি নহিং হোঈ ।
বানর রূপ ধরেং সুর কোঈ ।।
সাধু অবগ্যা কর ফলু এসা ।
জরই নগর অনাথ কর জৈসা ।।
জারা নগরু নিমিষ এক মাহীং ।
এক বিভীষন কর গৃহ নাহীং ।।

The whole city was ablaze and the citizens were terrified, and the extremely fearful flames jumped and danced. People were heard to cry, "Father! Mother! Who will save us? We told you that he was no ordinary monkey! He must be some God in the form of a monkey! This is the fruit of disrespecting sādhus, holy men of God, that our whole city is ablaze and there is no one here to protect us. And in a few moments there was nothing left of the city except the home of Discrimination.

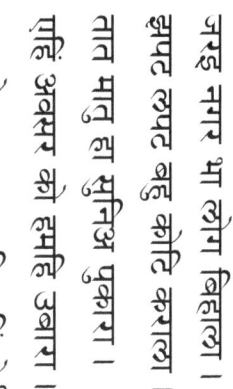

ता कर दूत अनल जेहिं सिरिजा ।
जरा न सो तेहि कारन गिरिजा ॥
उलटि पलटि लंका सब जारी ।
कूदि परा पुनि सिंधु मझारी ॥

tā kara dūta anala jehiṃ sirijā |
jarā na so tehi kārana girijā ||
ulaṭi palaṭi laṃkā saba jārī |
kūdi parā puni siṃdhu majhārī ||

তা কর দূত অনল জেহিং
সিরিজা ।
জরা ন সো তেহি কারন
গিরিজা ।।
উলটি পলটি লংকা সব জারী ।
কূদি পরা পুনি সিন্ধু মঝারী ।।

दो- पूँछ बुझाइ खोइ श्रम
धरि लघु रूप बहोरि ।
जनकसुता कें आगें ठाढ
भयउ कर जोरि ॥ २६ ॥

do- pūṁcha bujhāi khoi śrama
dhari laghu rūpa bahori |
janakasutā keṃ āgeṃ ṭhāḍha
bhayau kara jori || 26 ||

দো- পুংছ বুঝাই খোই শ্রম
ধরি লঘু রূপ বহোরি ।
জনকসুতা কেং আগেং ঠাঢ়
ভয়উ কর জোরি ।। ২৬ ।।

Śiva said, "Pārvatī, Pure Devotion was the Ambassador of the One Who Created Fire. That is why it turned out opposite. Instead of burning the tail, fire burnt the entire city."

Then the monkey extinguished the fire on his tail in the ocean.

dohā- Extinguishing the flaming tail, he again took his small form, and with hands folded in respect, presented himself before the Daughter of The Cause. 26

मातु मोहि दीजे कछु चीन्हा ।
जैसें रघुनायक मोहि दीन्हा ॥
चूडामनि उतारि तब दयऊ ।
हरष समेत पवनसुत लयऊ ॥
कहेहु तात अस मोर प्रनामा ।
सब प्रकार प्रभु पूरनकामा ॥
दीन दयाल बिरिदु संभारी ।
हरहु नाथ मम संकट भारी ॥
तात सक्रसुत कथा सुनाएहु ।
बान प्रताप प्रभुहि समुझाएहु ॥

mātu mohi dīje kachu cīnhā |
jaisem̱ raghunāyaka mohi dīnhā ||
cūḍāmani utāri taba dayū |
haraṣa sameta pavanasuta layū ||
kahehu tāta asa mora pranāmā |
saba prakāra prabhu pūranakāmā ||
dīna dayāla biridu sam̱bhārī |
harahu nātha mama sam̱kaṭa bhārī ||
tāta sakrasuta kathā sunāehu |
bāna pratāpa prabhuhi samujhāehu ||

মাতু মোহি দীজে কছু চীন্হা ।
জৈসেং রঘুনায়ক মোহি দীন্হা ।।
চূড়ামনি উতারি তব দয়উ।
হরষ সমেত পবনসুত লয়উ ।।
কহেহু তাত অস মোর প্রনামা ।
সব প্রকার প্রভু পূরনকামা ।।
দীন দয়াল বিরিদু সম্ভারী ।
হরহু নাথ মম সংকট ভারী ।।
তাত সক্রসুত কথা সুনাএহু ।
বান প্রতাপ প্রভুহি সমুঝাএহু ।।

"Oh Mother, please give me some token by which our visit can be known, just like the Leader of Light gave to me."

Then she removed her hair ornament and presented it, which the Son of the Wind accepted with great delight. She said, "Son, give him my respect and speak on my behalf in this way. Oh Lord, you are free from selfish desires in every way, and you are the Giver of Compassion to all who are distressed. Please, oh Lord, take away the burden of my distress. Son, remind the Lord of the story of The Ruler of Purity's son, Victorious, and remind him of the power of his arrows.

मास दिवस महुँ नाथु न आवा ।
तौ पुनि मोहि जिअत नहिं पावा ॥
कहु कपि केहि बिधि राखौं प्राना ।
तुम्हहू तात कहत अब जाना ॥
तोहि देखि सीतलि भइ छाती ।
पुनि मो कहुँ सोइ दिनु सो राती ॥

māsa divasa mahum̐ nāthu na āvā |
tau puni mohi jiata nahiṃ pāvā ||
kahu kapi kehi bidhi rākhauṃ prānā |
tumhahū tāta kahata aba jānā ||
tohi dekhi sītali bhai chātī |
puni mo kahum̐ soi dinu so rātī ||

মাস দিবস মহুং নাথু ন আবা ।
তৌ পুনি মোহি জিঅত নহিং পাবা ।।
কহু কপি কেহি বিধি রাখৌং প্রানা ।
তুম্হহু তাত কহত অব জানা ।।
তোহি দেখি সীতলি ভই ছাতী ।
পুনি মো কহুং সোই দিনু সো রাতী ।।

If he does not come for me within a month, he will not find me alive. Tell me, Monkey, how else can I remain alive? You, my son, now speak of going. Seeing you brought relief to my heavy heart, but again I have before me more of the same both in the day and in the night."

दो- जनकसुतहि समुझाइ करि
बहु बिधि धीरजु दीन्ह ।
चरन कमल सिरु नाइ कपि
गवनु राम पहिं कीन्ह ॥ २७ ॥

do- janakasutahi samujhāi kari
bahu bidhi dhīraju dīnha |
carana kamala siru nāi kapi
gavanu rāma pahiṃ kīnha || 27 ||

দো- জনকসুতহি সমুঝাই করি
বহু বিধি ধীরজু দীন্হ ।
চরন কমল সিরু নাই কপি
গবনু রাম পহিং কীন্হ ।। ২৭ ।।

चलत महाधुनि गर्जेसि भारी ।
गर्भ स्रवहिं सुनि निसिचर नारी ॥
नाघि सिंधु एहि पारहि आवा ।
सबद किलिकिला कपिन्ह सुनावा ॥
हरषे सब बिलोकि हनुमाना ।
नूतन जन्म कपिन्ह तब जाना ॥

calata mahādhuni garjesi bhārī |
garbha sravahiṃ suni nisicara nārī ||
nāghi siṃdhu ehi pārahi āvā |
sabada kilikilā kapinha sunāvā ||
haraṣe saba biloki hanumānā |
nūtana janma kapinha taba jānā ||

চলত মহাধুনি গর্জেসি ভারী ।
গর্ভ স্রবহিং সুনি নিসিচর নারী ।।
নাঘি সিন্ধু এহি পারহি আবা ।
সবদ কিলিকিলা কপিন্হ সুনাবা ।।
হরষে সব বিলোকি হনুমানা ।
নূতন জন্ম কপিন্হ তব জানা ।।

dohā- In may ways he tried to explain to the Daughter of The Cause and give inspiration to maintain her patience. Then bowing his head to her lotus feet, the monkey departed to be with Consciousness. 27

As he departed, he let out a great shout, which caused many pregnant demon women to have miscarriages in fear. Seeing him crossing the ocean to the other shore, all the monkeys let out a great shout of triumphant joy! All were filled with delight to see Pure Devotion, and they all understood that he had granted them a new life.

मुख प्रसन्न तन तेज बिराजा।
कीन्हेसि रामचन्द्र कर काजा॥
मिले सकल अति भए सुखारी।
तलफत मीन पाव जिमि बारी॥
चले हरषि रघुनायक पासा।
पूँछत कहत नवल इतिहासा॥
तब मधुबन भीतर सब आए।
अंगद संमत मधु फल खाए॥
रखवारे जब बरजन लागे।
मुष्टि प्रहार हनत सब भागे॥

mukha prasanna tana teja birājā |
kīnhesi rāmacandra kara kājā ||
mile sakala ati bhae sukhārī |
talaphata mīna pāva jimi bārī ||
cale haraṣi raghunāyaka pāsā |
pūm̐chata kahata navala itihāsā ||
taba madhubana bhītara saba āe |
aṃgada saṃmata madhu phala khāe ||
rakhavāre jaba barajana lāge |
muṣṭi prahāra hanata saba bhāge ||

মুখ প্রসন্ন তন তেজ বিরাজা ।
কীন্হেসি রামচন্দ্র কর কাজা ।।
মিলে সকল অতি ভএ সুখারী ।
তলফত মীন পাব জিমি বারী ।।
চলে হরষি রঘুনায়ক পাসা ।
পূংছত কহত নবল ইতিহাসা ।।
তব মধুবন ভীতর সব আএ ।
অংগদ সংমত মধু ফল খাএ ।।
রখবারে জব বরজন লাগে ।
মুষ্টি প্রহার হনত সব ভাগে ।।

His face was extremely contented, and his body emitted light, so that everyone could understand that he had completed the work of Consciousness. Everyone was so happy to greet him, just like a fish out of water suddenly finding itself submerged again. With great delight they returned to the Leader of Light, asking questions and discussing the recent events. Then they all entered the Grove of Honey, and along with He Who Subordinates Himself, ate of the fruits and honey. When the Protectors protested their entry, they were beaten and driven away.

दो- जाइ पुकारे ते सब
बन उजार जुबराज ।
सुनि सुग्रीव हरष कपि
करि आए प्रभु काज ॥ २८ ॥

जौं न होति सीता सुधि पाई ।
मधुबन के फल सकहिं कि खाई ॥
एहि बिधि मन बिचार कर राजा ।
आइ गए कपि सहित समाजा ॥
आइ सबन्हि नावा पद सीसा ।
मिलेउ सबन्हि अति प्रेम कपीसा ॥

do- jāi pukāre te saba
bana ujāra jubarāja |
suni sugrīva haraṣa kapi
kari āe prabhu kāja || 28 ||

jauṃ na hoti sītā sudhi pāī |
madhubana ke phala sakahiṃ ki khāī ||
ehi bidhi mana bicāra kara rājā |
āi gae kapi sahita samājā ||
āi sabanhi nāvā pada sīsā |
mileu sabanhi ati prema kapīsā ||

দো- জাই পুকারে তে সব
বন উজার জুবরাজ ।
সুনি সুগ্রীব হরষ কপি
করি আএ প্রভু কাজ ।। ২৮ ।।

জৌং ন হোতি সীতা সুধি পাঈ ।
মধুবন কে ফল সকহিং কি খাঈ ।।
এহি বিধি মন বিচার কর রাজা ।
আই গাএ কপি সহিত সমাজা ।।
আই সবন্হি নাবা পদ সীসা ।
মিলেউ সবন্হি অতি প্রেম কপীসা ।।

dohā- They all went to complain to the King that the Crown Prince, He Who Subordinates Himself, allowed his soldiers to devour the fruits of the sacred grove. When Excellent Friend heard this news he was delighted, and knew that the monkeys had returned having accomplished the work of the Lord. 28

"If they had not found out the news of Nature, is it possible that they would have eaten the fruits of the Grove of Honey?"

While the King was thinking in this way, the group of monkeys arrived. When they arrived, they all bowed their heads to the feet of their King, and he received them with great love.

पूँछी कुसल कुसल पद देखी ।
राम कृपाँ भा काजु बिसेषी ॥
नाथ काजु कीन्हेउ हनुमाना ।
राखे सकल कपिन्ह के प्राना ॥
सुनि सुग्रीव बहुरि तेहि मिलेऊ ।
कपिन्ह सहित रघुपति पहिं
चलेऊ ॥
राम कपिन्ह जब आवत देखा ।
किएँ काजु मन हरष बिसेषा ॥
फटिक सिला बैठे द्वौ भाई ।
परे सकल कपि चरनन्हि जाई ॥

pūm̐chī kusala kusala pada dekhī |
rāma kṛpām̐ bhā kāju biseṣī ||
nātha kāju kīnheu hanumānā |
rākhe sakala kapinha ke prānā ||
suni sugrīva bahuri tehi mileū |
kapinha sahita raghupati pahiṃ caleū ||
rāma kapinha jaba āvata dekhā |
kiem̐ kāju mana haraṣa biseṣā ||
phaṭika silā baiṭhe dvau bhāī |
pare sakala kapi carananhi jāī ||

পূংছী কুসল কুসল পদ দেখি ।
রাম কৃপাং ভা কাজু বিসেষী ।।
নাথ কাজু কীন্হেউ হনুমানা ।
রাখে সকল কপিন্হ কে প্রানা ।।
সুনি সুগ্রীব বহুরি তেহি মিলেউ ।
কপিন্হ সহিত রঘুপতি পহিং
চলেউ ।।
রাম কপিন্হ জব আবত দেখা ।
কিএং কাজু মন হরষ বিসেষা ।।
ফটিক সিলা বৈঠে দ্বৌ ভাঈ ।
পরে সকল কপি চরনন্হি জাঈ ।।

He asked of their welfare to which they replied, "On seeing your feet we are all well. By the Grace of Consciousness, we have completed the special task for which we were sent. Oh Lord, Pure Devotion did all the work, and he preserved the life of all the monkeys."

Hearing this, Excellent Friend greeted him again, and then all of the monkeys went to see the Lord of Light. When Consciousness saw the approach of the monkeys, his mind was filled with special delight, knowing that they had completed the work for which they were sent. The two brothers were seated upon a seat of crystal. All the monkeys came and bowed before the brothers' feet.

दो- प्रीति सहित सब भेटे
रघुपति करुना पुंज ।
पूँछी कुसल नाथ अब
कुसल देखि पद कंज ॥ २९ ॥

do- prīti sahita saba bheṭe
raghupati karunā pumja |
pūm̐chī kusala nātha aba
kusala dekhi pada kamja || 29 ||

দো- প্রীতি সহিত সব ভেটে
রঘুপতি করুনা পুংজ ।
পূংছী কুসল নাথ অব
কুসল দেখি পদ কংজ ।। ২৯ ।।

जामवंत कह सुनु रघुराया ।
जा पर नाथ करहु तुम्ह दाया ॥
ताहि सदा सुभ कुसल निरंतर ।
सुर नर मुनि प्रसन्न ता ऊपर ॥
सोइ बिजई बिनई गुन सागर ।
तासु सुजसु त्रैलोक उजागर ॥

jāmavamta kaha sunu raghurāyā |
jā para nātha karahu tumha dāyā ||
tāhi sadā subha kusala niramtara |
sura nara muni prasanna tā ūpara ||
soi bijaī binaī guna sāgara |
tāsu sujasu trailoka ujāgara ||

জামবন্ত কহ সুনু রঘুরায়া ।
জা পর নাথ করহু তুম্হ দায়া ।।
তাহি সদা সুভ কুসল নিরংতর ।
সুর নর মুনি প্রসন্ন তা ঊপর ।।
সোই বিজঈ বিনঈ গুন সাগর ।
তাসু সুজসু ত্রৈলোক উজাগর ।।

dohā- The compassionate Lord of Light embraced them all with great love and asked of their welfare. "Oh Lord, seeing your lotus feet, now we are well." 29

Respected Brother of All spoke, "Listen, King of Light. Oh Lord, whoever receives your compassion, his is always welfare and delight. Gods, human beings, wise men all are delighted because of that. He is victorious, he has humility, he becomes an ocean of qualities. His excellent fame spreads throughout the three worlds.

प्रभु कीं कृपा भयउ सबु काजू ।
जन्म हमार सुफल भा आजू ॥
नाथ पवनसुत कीन्हि जो करनी ।
सहसहुँ मुख न जाइ सो बरनी ॥
पवनतनय के चरित सुहाए ।
जामवंत रघुपतिहि सुनाए ॥
सुनत कृपानिधि मन अति भाए ।
पुनि हनुमान हरषि हियँ लाए ॥
कहहु तात केहि भाँति जानकी ।
रहति करति रच्छा स्वप्रान की ॥

prabhu kīṃ kṛpā bhayu sabu kājū |
janma hamāra suphala bhā ājū ||
nātha pavanasuta kīnhi jo karanī |
sahasahuṁ mukha na jāi so baranī ||
pavanatanaya ke carita suhāe |
jāmavaṃta raghupatihi sunāe ||
sunata kṛpānidhi mana ati bhāe |
puni hanumāna haraṣi hiyaṁ lāe ||
kahahu tāta kehi bhāṁti jānakī |
rahati karati racchā svaprāna kī ||

প্রভু কীং কৃপা ভয়উ সবু কাজূ ।
জন্ম হমার সুফল ভা আজূ ।।
নাথ পবনসুত কীন্হি জো করনী ।
সহসহুং মুখ ন জাই সো বরনী ।।
পবনতনয় কে চরিত সুহাএ ।
জামবন্ত রঘুপতিহি সুনাএ ।।
সুনত কৃপানিধি মন অতি ভাএ ।
পুনি হনুমান হরষি হিয়ং লাএ ।।
কহহু তাত কেহি ভাংতি জানকী ।
রহতি করতি রচ্ছা স্বপ্রান কী ।।

With the Grace of the Lord all of the work was completed, and today the purpose of our lives has been fulfilled. Oh Lord, the work which the Son of the Wind performed today, even a thousand mouths will be unable to proclaim. Even still this Respected Brother of All (myself) will try to relate to the Lord of Light the story of his accomplishments."

Having heard the story, the Repository of Grace was pleased in his mind, and with great delight he embraced Pure Devotion to his heart and said, "Oh Dear One, in what way does the Daughter of The Cause live, and how does she protect her life?"

दो- नाम पाहरू दिवस निसि ध्यान तुम्हार कपाट । लोचन निज पद जंत्रित जाहिं प्रान केहिं बाट ॥ ३० ॥	**do- nāma pāharū divasa nisi dhyāna tumhāra kapāṭa I locana nija pada jaṃtrita jāhiṃ prāna kehiṃ bāṭa II 30 II**	দো- নাম পাহরূ দিবস নিসি ধ্যান তুম্হার কপার্ট । লোচন নিজ পদ জন্ত্রিত জাহিং প্রান কেহিং বার্ট ।। ৩০ ।।
चलत मोहि चूडामनि दीन्ही । रघुपति हृदयँ लाइ सोइ लीन्ही ॥ नाथ जुगल लोचन भरि बारी । बचन कहे कछु जनककुमारी ॥ अनुज समेत गहेहु प्रभु चरना । दीन बंधु प्रनतारति हरना ॥	**calata mohi cūḍāmani dīnhī I raghupati hṛdayaṁ lāi soi līnhī II nātha jugala locana bhari bārī I bacana khe kachu janakakumārī II anuja sameta gahehu prabhu caranā I dīna baṃdhu pranatārati haranā II**	চলত মোহি চূড়ামনি দীন্হী । রঘুপতি হৃদয়ং লাই সোই লীন্হী ।। নাথ জুগল লোচন ভরি বারী । বচন কহে কছু জনককুমারী ।। অনুজ সমেত গহেহু প্রভু চরনা । দীন বন্ধু প্রনতারতি হরনা ।।

dohā- "Day and Night your name is her Protector, and other than you she thinks of nothing else. Her eyes remain focused upon her feet, where they are locked. Then by what path could her life flee? 30

"Upon my departure she removed and presented this hair ornament."

The Lord of Light took it and held it to his heart. "Oh Lord, the Daughter of The Cause had tears in both of her eyes when she said this to me. Touch the feet of the Lord along with those of his younger brother and say, 'You are the Friend of the distressed and take away the pain of those who take refuge in you.

मन क्रम बचन चरन अनुरागी ।
केहिं अपराध नाथ हौं त्यागी ॥
अवगुन एक मोर मैं माना ।
बिछुरत प्रान न कीन्ह पयाना ॥
नाथ सो नयनन्हि को अपराधा ।
निसरत प्रान करहिं हठि बाधा ॥
बिरह अगिनि तनु तूल समीरा ।
स्वास जरइ छन माहिं सरीरा ॥
नयन स्रवहिं जलु निज हित लागी ।
जरैं न पाव देह बिरहागी ॥

mana krama bacana carana anurāgī |
kehiṃ aparādha nātha hauṃ tyāgī ||
avaguna eka mora maiṃ mānā |
bichurata prāna na kīnha payānā ||
nātha so nayananhi ko aparādhā |
nisarata prāna karahiṃ haṭhi bādhā ||
biraha agini tanu tūla samīrā |
svāsa jari chana māhiṃ sarīrā ||
nayana sravahiṃ jalu nija hita lāgī |
jaraiṃ na pāva deha birahāgī ||

মন ক্রম বচন চরন অনুরাগী ।
কেহিং অপরাধ নাথ হৌং ত্যাগী ।।
অবগুন এক মোর মৈং মানা ।
বিছুরত প্রান ন কীন্হ পয়ানা ।।
নাথ সো নয়নন্হি কো অপরাধা ।
নিসরত প্রান করহিং হঠি বাধা ।।
বিরহ অগিনি তনু তূল সমীরা ।
স্বাস জরই ছন মাহিং সরীরা ।।
নয়ন স্রবহিং জলু নিজ হিত লাগী ।
জরৈং ন পাব দেহ বিরহাগী ।।

By my mind, my speech and my actions I am totally dedicated to your feet. Then, Master, for which fault of mine have you left me? Yes, I can certainly accept one fault, that being separated from you I have not yet left my life. But my Lord, this is the fault of my eyes, who are presenting an obstacle for life to leave. The agony of separation from you is like fire, my body is cotton, my breath is the wind. In this way the union between fire and wind could burn my body in a moment. But the eyes for their own welfare (desiring to see you again) keep raining tears to extinguish the fires of separation.'

सीता कै अति बिपति बिसाला । बिनहिं कहें भलि दीनदयाला ॥	**sītā kai ati bipati bisālā | binahiṃ kaheṃ bhali dīnadayālā ||**	সীতা কৈ অতি বিপতি বিসালা । বিনহিং কহে ভলি দীনদয়ালা ।।
दो- निमिष निमिष करुनानिधि जाहिं कलप सम बीति । बेगि चलिअ प्रभु आनिअ भुज बल खल दल जीति ॥ ३१ ॥	**do- nimiṣa nimiṣa karuṇānidhi jāhiṃ kalapa sama bīti | begi calia prabhu ānia bhuja bala khala dala jīti || 31 ||**	দো- নিমিষ নিমিষ করুনানিধি জাহিং কলপ সম বীতি । বেগি চলিঅ প্রভু আনিঅ ভুজ বল খল দল জীতি ।। ৩১ ।।
सुनि सीता दुख प्रभु सुख अयना । भरि आए जल राजिव नयना ॥ बचन कायँ मन मम गति जाही । सपनेहुँ बूझिअ बिपति कि ताही ॥	**suni sītā dukha prabhu sukha ayanā | bhari āe jala rājiva nayanā || bacana kāyam̐ mana mama gati jāhī | sapanehum̐ būjhia bipati ki tāhī ||**	সুনি সীতা দুখ প্রভু সুখ অয়না । ভরি আয়ে জল রাজিব নয়না ।। বচন কায়ং মন মম গতি জাহী । সপনেহুং বুঝিঅ বিপতি কি তাহী ।।

Nature's difficulties are so great, and you are so compassionate to the afflicted. Therefore, it is better not to speak more.

dohā- "Oh Fountain of Compassion, her every moment passes as slowly as an age. Oh Lord, let us go immediately and with the strength of your arms vanquish the army of evil and bring her to safety." 31

Hearing the extent of Nature's pain, tears came to the lotus eyes of the Lord. He said, "For anyone who takes refuge in me in word and mind and body, how can they experience difficulties even in a dream?"

कह हनुमंत बिपति प्रभु सोई ।
जब तव सुमिरन भजन न होई ॥
केतिक बात प्रभु जातुधान की ।
रिपुहि जीति आनिबी जानकी ॥
सुनु कपि तोहि समान उपकारी ।
नहिं कोउ सुर नर मुनि तनुधारी ॥
प्रति उपकार करौं का तोरा ।
सनमुख होइ न सकत मन मोरा ॥

kaha hanumaṃta bipati prabhu soī |
jaba tava sumirana bhajana na hoī ||
ketika bāta prabhu jātudhāna kī |
ripuhi jīti ānibī jānakī ||
sunu kapi tohi samāna upakārī |
nahiṃ kou sura nara muni tanudhārī ||
prati upakāra karauṃ kā torā |
sanamukha hoi na sakata mana morā ||

কহ হনুমন্ত বিপতি প্রভু সোঈ ।
জব তব সুমিরন ভজন ন হোঈ ।।
কেতিক বাত প্রভু জাতুধান কী ।
রিপুহি জীতি আনিবী জানকী ।।
সুনু কপি তোহি সমান উপকারী ।
নহিং কোউ সুর নর মুনি তনুধারী ।।
প্রতি উপকার করৌং কা তোরা ।
সনমুখ হোই ন সকত মন মোরা ।।

Pure Devotion said, "The only difficulty arises when people forget to worship you. Oh Lord, how can the demons count before you? Defeat the enemies and bring back the Daughter of The Cause."

The Lord said, "Listen Monkey, neither among Gods, men or men of wisdom has any embodied being performed such a great benefit to me as you have done. I cannot think that I will ever be able to perform a benefit to you of a similar value. Listen Dear One, I have thought it over extensively and have concluded that I cannot be free from my debt to you."

सुनु सुत तोहि उरिन मैं नाहीं ।
देखेउँ करि बिचार मन माहीं ॥
पुनि पुनि कपिहि चितव सुरत्राता ।
लोचन नीर पुलक अति गाता ॥

sunu suta tohi urina maiṃ nāhīṃ |
dekheuṁ kari bicāra mana māhīṃ ||
puni puni kapihi citava suratrātā |
locana nīra pulaka ati gātā ||

সুনু সুত তোহি উরিন মৈং নাহীং ।
দেখেউং করি বিচার মন মাহীং ।।
পুনি পুনি কপিহি চিতব সুরত্রাতা ।
লোচন নীর পুলক অতি গাতা ।।

दो- सुनि प्रभु बचन बिलोकि मुख
गात हरषि हनुमंत ।
चरन परेउ प्रेमाकुल
त्राहि त्राहि भगवंत ॥ ३२ ॥

do- suni prabhu bacana biloki mukha
gāta haraṣi hanumaṃta |
carana pareu premākula
trāhi trāhi bhagavaṃta || 32 ||

দো- সুনি প্রভু বচন বিলোকি মুখ
গাত হরষি হনুমন্ত ।
চরন পরেউ প্রেমাকুল
ত্রাহি ত্রাহি ভগবন্ত ।। ৩২ ।।

The Protector of Gods again and again looked at the monkey. Tears came to his eyes and his body trembled.

dohā- Hearing the Lord's words, seeing his pleased countenance, Pure Devotion was filled with delight. He fell to the earth at the Lord's feet, and called, "Protect me, protect me, oh Supreme Divinity!" 32

बार बार प्रभु चहइ उठावा ।	bāra bāra prabhu cahai uṭhāvā I	বার বার প্রভু চহই উঠাবা ।
प्रेम मगन तेहि उठब न भावा ॥	prema magana tehi uṭhaba na bhāvā II	প্রেম মগন তেহি উঠব ন ভাবা ।।
प्रभु कर पंकज कपि कें सीसा ।	prabhu kara paṃkaja kapi keṃ sīsā I	প্রভু কর পংকজ কপি কে সীসা ।
सुमिरि सो दसा मगन गौरिसा ॥	sumiri so dasā magana gaurisā II	সুমিরি সো দসা মগন গৌরিসা ।।
सावधान मन करि पुनि संकर ।	sāvadhāna mana kari puni saṃkara I	সাবধান মন করি পুনি সংকর ।
लागे कहन कथा अति सुंदर ॥	lāge kahana kathā ati suṃdara II	লাগে কহন কথা অতি সুন্দর ।।
कपि उठाइ प्रभु हृदयँ लगावा ।	kapi uṭhāi prabhu hṛdayaṁ lagāvā I	কপি উঠাই প্রভু হৃদয়ং লগাবা ।
कर गहि परम निकट बैठावा ॥	kara gahi parama nikaṭa baiṭhāvā II	কর গহি পরম নিকট বৈঠাবা ।।
कहु कपि रावन पालित लंका ।	kahu kapi rāvana pālita laṃkā I	কহু কপি রাবন পালিত লংকা ।
केहि बिधि दहेउ दुर्ग अति बंका ॥	kehi bidhi daheu durga ati baṃkā II	কেহি বিধি দহেউ দুর্গ অতি বংকা ।।

Again and again the Lord tried to raise him, but lost in deep love he would not get up. The Lord put his lotus hands on the monkey's head, and the Lord of Gaurī, Śiva, was overcome by emotion in remembering that feeling. Then composing his mind, The Cause of Peace, Śiva, continued his extremely beautiful narration. The Lord raised the monkey and embraced him to his heart, then took his hand and made him to sit down near beside him. "Tell me, Monkey, how did you burn down the well protected fortress of the Kingdom of the Ego?"

प्रभु प्रसन्न जाना हनुमाना ।
बोला बचन बिगत अभिमाना ॥
साखामृग कै बडि मनुसाई ।
साखा तें साखा पर जाई ॥
नाघि सिंधु हाटकपुर जारा ।
निसिचर गन बधि बिपिन
उजारा ॥
सो सब तव प्रताप रघुराई ।
नाथ न कछू मोरि प्रभुताई ॥

prabhu prasanna jānā hanumānā |
bolā bacana bigata abhimānā ||
sākhāmṛga kai baḍi manusāī |
sākhā teṃ sākhā para jāī ||
nāghi siṃdhu hāṭakapura jārā |
nisicara gana badhi bipina ujārā ||
so saba tava pratāpa raghurāī |
nātha na kachū mori prabhutāī ||

প্রভু প্রসন্ন জানা হনুমানা ।
বোলা বচন বিগত অভিমানা ।।
সাখা মৃগ কৈ বড়ি মনুসাঈ ।
সাখা তেং সাখা পর জাঈ ।।
নাঘি সিন্ধু হাটকপুর জারা ।
নিসিচর গন বধি বিপিন উজারা ।।
সো সব তব প্রতাপ রঘুরাঈ ।
নাথ ন কছু মোরি প্রভুতাঈ ।।

Pure Devotion knew that the Lord was pleased, so he spoke in words without pride or ego. "A monkey's greatest skill lies in jumping from limb to limb. What I did in jumping across the ocean, burning the golden city, slaying the demon warriors, destroying the Grove of Pleasure, these are all because of the greatness of the King of Light. For this, oh Lord, I deserve no credit whatsoever.

दो- ता कहुँ प्रभु कछु अगम नहिं
जा पर तुम्ह अनुकूल ।
तव प्रभावँ बडवानलहि
जारि सकइ खलु तूल ॥ ३३ ॥

do- tā kahuṁ prabhu kachu agama nahiṃ
jā para tumha anukūla |
tava prabhāvaṁ baḍavānalahi
jāri sakai khalu tūla || 33 ||

দো- তা কহুং প্রভু কছু অগম নহিং
জা পর তুম্হ অনুকূল ।
তব প্রভাবং বড়বানলহি
জারি সকই খলু তূল ।। ৩৩ ।।

नाथ भगति अति सुखदायनी ।
देहु कृपा करि अनपायनी ॥
सुनि प्रभु परम सरल कपि बानी ।
एवमस्तु तब कहेउ भवानी ॥
उमा राम सुभाउ जेहिं जाना ।
ताहि भजनु तजि भाव न आना ॥

nātha bhagati ati sukhadāyanī |
dehu kṛpā kari anapāyanī ||
suni prabhu parama sarala kapi bānī |
evamastu taba kaheu bhavānī ||
umā rāma subhāu jehiṃ jānā |
tāhi bhajanu taji bhāva na ānā ||

নাথ ভগতি অতি সুখদায়নী ।
দেহু কৃপা করি অনপায়নী ।।
সুনি প্রভু পরম সরল কপি বানী ।
এবমস্তু তব কহেউ ভবানী ।।
উমা রাম সুভাউ জেহিং জানা ।
তাহি ভজনু তজি ভাব ন আনা ।।

dohā- "Oh Lord, with whomever you are pleased, for him there is nothing at all that cannot be attained. For you even the impossible becomes possible, just like cotton could burn under water. 33

"Oh Lord, bestow your grace upon me, and grant me eternal devotion which is the cause of Supreme Bliss."

Śiva said, "When the Lord heard the extremely simple words from the monkey, oh Divine Mother, he said, 'So shall it be.' Oh Divine Mother Umā, those who have understood the intrinsic nature of Consciousness, have no desire to stop singing to the Lord, or to consider any other idea.

यह संबाद जासु उर आवा ।	**yaha saṃbāda jāsu ura āvā |**	য়হ সংবাদ জাসু উর আবা ।
रघुपति चरन भगति सोइ पावा ॥	**raghupati carana bhagati soi pāvā ||**	রঘুপতি চরন ভগতি সোই পাবা ।।
सुनि प्रभु बचन कहहिं कपिबृंदा ।	**suni prabhu bacana kahahiṃ kapibṛṃdā |**	সুনি প্রভু বচন কহহিং কপিবৃংদা ।
जय जय जय कृपाल सुखकंदा ॥	**jaya jaya jaya kṛpāla sukhakaṃdā ||**	জয় জয় জয় কৃপাল সুখকংদা ।।
तब रघुपति कपिपतिहि बोलावा ।	**taba raghupati kapipatihi bolāvā |**	তব রঘুপতি কপিপতিহি বোলাবা ।
कहा चलैं कर करहु बनावा ॥	**kahā calaiṃ kara karahu banāvā ||**	কহা চলৈং কর করহু বনাবা ।।
अब बिलंबु केहि कारन कीजे ।	**aba bilaṃbu kehi kārana kīje |**	অব বিলংবু কেহি কারন কীজে ।
तुरत कपिन्ह कहुँ आयसु दीजे ॥	**turata kapinha kahuṁ āyasu dīje ||**	তুরত কপিন্হ কহুং আয়সু দীজে ।।
कौतुक देखि सुमन बहु बरषी ।	**kautuka dekhi sumana bahu baraṣī |**	কৌতুক দেখি সুমন বহু বরষী ।
नभ तें भवन चले सुर हरषी ॥	**nabha teṃ bhavana cale sura haraṣī ||**	নভ তেং ভবন চলে সুর হরষী ।।

Whoever has that relationship with the Lord of Light in his heart, he will attain supreme devotion to His lotus feet." Hearing the Lord's words, the host of monkeys began to shout, "Victory to the Gracious Bestower of Bliss, victory, victory!" Then the Lord of Light called the Lord of the Monkeys and told him to make preparations for the journey. "Now for what purpose shall we wait? Immediately give orders to assemble the monkey forces." Seeing that the Lord was preparing to complete the drama for which he had come, and making preparations to slay the Ego, the Gods were pleased and rained flowers from the sky, and then departed to their homes.

दो- कपिपति बेगि बोलाए
आए जूथप जूथ ।
नाना बरन अतुल बल
बानर भालु बरूथ ॥ ३४ ॥

do- kapipati begi bolāe
āe jūthapa jūtha |
nānā barana atula bala
bānara bhālu barūtha || 34 ||

দো- কপিপতি বেগি বোলাএ
আএ জূথপ জূথ ।
নানা বরন অতুল বল
বানর ভালু বরূথ ।। ৩৪ ।।

प्रभु पद पंकज नावहिं सीसा ।
गर्जहिं भालु महाबल कीसा ॥
देखी राम सकल कपि सेना ।
चितइ कृपा करि राजिव नैना ॥
राम कृपा बल पाइ कपिंदा ।
भए पच्छजुत मनहुँ गिरिंदा ॥

prabhu pada paṃkaja nāvahiṃ sīsā |
garjahiṃ bhālu mahābala kīsā ||
dekhī rāma sakala kapi senā |
citai kṛpā kari rājiva nainā ||
rāma kṛpā bala pāi kapiṃdā |
bhae pacchajuta manahuṁ giriṃdā ||

প্রভু পদ পংকজ নাবহিং সীসা ।
গর্জহিং ভালু মহাবল কীসা ।।
দেখী রাম সকল কপি সেনা ।
চিতই কৃপা করি রাজিব নৈনা ।।
রাম কৃপা বল পাই কপিংদা ।
ভএ পচ্ছজুত মনহুং গিরিংদা ।।

dohā- The Lord of the Monkeys called the various commanders of monkeys and bears to assemble, and the multitude came in various colors, and all of them were possessed of tremendous strength. 34

They all bowed their heads to the lotus feet of the Lord, and the bears and monkeys of great strength growled. Consciousness looked at the entire army of monkeys, and then the lotus eyed Repository of Grace looked at the commanders. The monkeys derived great strength from the Grace of Consciousness, and the best of the monkeys became like huge mountains sprouting great wings.

हरषि राम तब कीन्ह पयाना ।
सगुन भए सुन्दर सुभ नाना ॥
जासु सकल मंगलमय कीती ।
तासु पयान सगुन यह नीति ॥
प्रभु पयान जाना बैदेहीं ।
फरकि बाम अँग जनु कहि देहीं ॥
जोइ जोइ सगुन जानकिहि होई ।
असगुन भयउ रावनहि सोई ॥
चला कटकु को बरनैं पारा ।
गर्जहिं बानर भालु अपारा ॥

harași rāma taba kīnha payānā |
saguna bhae sundara subha nānā ||
jāsu sakala maṃgalamaya kītī |
tāsu payāna saguna yaha nīti ||
prabhu payāna jānā baidehīṃ |
pharaki bāma aṁga janu kahi dehīṃ ||
joi joi saguna jānakihi hoī |
asaguna bhayau rāvanahi soī ||
calā kaṭaku ko baranaiṃ pārā |
garjahiṃ bānara bhālu apārā ||

হরষি রাম তব কীন্থ পয়ানা ।
সগুন ভএ সুন্দর সুভ নানা ।।
জাসু সকল মংগলময় কীতী ।
তাসু পয়ান সগুন য়হ নীতি ।।
প্রভু পয়ান জানা বৈদেহীং ।
ফরকি বাম অংগ জন কহি দেহীং ।।
জোই জোই সগুন জানকিহি হোঈ ।
অসগুন ভয়উ রাবনহি সোঈ ।।
চলা কটকু কো বরনৈং পারা ।
গর্জহিং বানর ভালু অপারা ।।

Filled with delight, Consciousness commenced the journey, and many auspicious omens were seen. It was appropriate for there to be good omens upon the commencement of this expedition, because his fame is filled with welfare for all. Daughter of the One without a Body also knew of the commencement of the Lord's journey, because her left limbs began to tremble. Whatever were good omens for the Daughter of The Cause, were bad omens for the Ego. Who could count the numbers of that marching army? Uncountable monkeys and bears were roaring.

नख आयुध गिरि पादपधारी ।
चले गगन महि इच्छाचारी ॥
केहरिनाद भालु कपि करहीं ।
डगमगाहिं दिग्गज चिक्करहीं ॥

छं- चिक्करहिं दिग्गज डोल महि
गिरि लोल सागर खरभरे ।
मन हरष सभ गंधर्ब सुर मुनि
नाग किंनर दुख टरे ।
कटकटहिं मर्कट बिकट भट
बहु कोटि कोटिन्ह धावहीं
जय राम प्रबल प्रताप कोसल-
नाथ गुन गन गावहीं ॥ १ ॥

nakha āyudha giri pādapadhārī |
cale gagana mahi icchācārī ||
keharināda bhālu kapi karahīṃ |
ḍagamagāhiṃ diggaja cikkarahīṃ ||

chaṃ- cikkarahiṃ diggaja ḍola mahi
giri lola sāgara kharabhare |
mana haraṣa sabha gaṃdharba sura muni
nāga kiṃnara dukha ṭare |
kaṭakaṭahiṃ markaṭa bikaṭa bhaṭa
bahu koṭi koṭinha dhāvahīṃ |
jaya rāma prabala pratāpa kosala-
nātha guna gana gāvahīṃ || 1 ||

নখ আয়ুধ গিরি পাদপধারী ।
চলে গগন মহি ইচ্ছাচারী ।।
কেহরিনাদ ভালু কপি করহীং ।
ডগমগাহিং দিগ্গজ চিক্করহীং ।।

ছং- চিক্করহিং দিগ্গজ ডোল মহি
গিরি লোল সাগর খরভরে ।
মন হরষ সভ গন্ধর্ব সুর মুনি
নাগ কিংনর দুখ টরে ।
কটকটহিং মর্কট বিকট ভট
বহু কোটি কোটিন্হ ধাবহীং ।
জয় রাম প্রবল প্রতাপ কোসল-
নাথ গুন গন গাবহীং ।। ১ ।।

With no other weapon other than their claws, some carried rocks and trees which they had picked up along the way. Some traveled in the air, some on the land according to their desire. The bears and monkeys roared like lions, while the elephants in all directions trembled and trumpeted. chaṃda- The elephants of the directions began to trumpet, the earth shook, the mountains trembled, and the waves of the sea became agitated. Celestial beings, Gods, men of wisdom, snakes, divine beings all experienced delight in their minds knowing that now their pain would soon be ended. Uncountable monkey warriors gnashed their teeth, and uncountable others ran ahead crying, "Victory to the Strong, the Heroic, the Lord of The Nation of Welfare, the Respected Supreme Consciousness," and singing of his qualities. 1

सहि सक न भार उदार अहिपति
बार बारहिं मोहई ।
गह दसन पुनि पुनि कमठ पृष्ट
कठोर सो किमि सोहई ।
रघुबीर रुचिर प्रयान प्रस्थिति
जानि परम सुहावनी ।
जनु कमठ खर्पर सर्पराज
सो लिखत अबिचल पावनी ॥ २ ॥

sahi saka na bhāra udāra ahipati
bāra bārahiṃ mohaī |
gaha dasana puni puni kamaṭha
pṛṣṭa
kaṭhora so kimi sohaī |
raghubīra rucira prayāna prasthiti
jāni parama suhāvanī |
janu kamaṭha kharpara sarparāja
so likhata abicala pāvanī || 2 ||

সহি সক ন ভার উদার অহিপতি
বার বারহিং মোহঈ ।
গহ দসন পুনি পুনি কমঠ পৃষ্ঠ
কঠোর সো কিমি সোহঈ ।
রঘুবীর রুচির প্রয়ান প্রস্থিতি
জানি পরম সুহাবনী ।
জনু কমঠ খর্পর সর্পরাজ
সো লিখত অবিচল পাবনী ।। ২ ।।

दो- एहि बिधि जाइ कृपानिधि
उतरे सागर तीर ।
जहँ तहँ लागे खान फल
भालु बिपुल कपि बीर ॥ ३५ ॥

do- ehi bidhi jāi kṛpānidhi
utare sāgara tīra |
jahaṁ tahaṁ lāge khāna phala
bhālu bipula kapi bīra || 35 ||

দো- এহি বিধি জাই কৃপানিধি
উতরে সাগর তীর ।
জহং তহং লাগে খান ফল
ভালু বিপুল কপি বীর ।। ৩৫ ।।

The great King of Snakes, Śeṣa, who supports the earth, had difficulty supporting the weight of that immense army. Again and again he grew faint under the extreme weight, and bit his teeth into the hard shell of the tortoise which supports him. In so doing he made such markings in the shell of the tortoise, that it is understood that he wrote the saga of Consciousness's exploits indelibly into the shell for all posterity. 2

dohā- In this way the Repository of Grace travelled to the shore of the ocean, and the immense army of bears and monkey warriors began to eat whatever fruits they could find. 35

उहाँ निसाचर रहहिं ससंका ।
जब तें जारि गयउ कपि लंका ॥
निज निज गृहँ सब करहिं बिचारा ।
नहिं निसिचर कुल केर उबारा ॥
जासु दूत बल बरनि न जाई ।
तेहि आएँ पुर कवन भलाई ॥
दूतिन्ह सन सुनि पुरजन बानी ।
मंदोदरी अधिक अकुलानी ॥
रहसि जोरि कर पति पग लागि ।
बोली बचन नीति रस पागी ॥

uhāṁ nisācara rahahiṃ sasaṃkā |
jaba teṃ jāri gayau kapi laṃkā ||
nija nija gṛhaṁ saba karahiṃ bicārā |
nahiṃ nisicara kula kera ubārā ||
jāsu dūta bala barani na jāī |
tehi āeṁ pura kavana bhalāī ||
dūtinha sana suni purajana bānī |
maṃdodarī adhika akulānī ||
rahasi jori kara pati paga lāgi |
bolī bacana nīti rasa pāgī ||

উহাং নিসাচর রহহিং সসংকা ।
জব তেং জারি গয়উ কপি লংকা ।।
নিজ নিজ গৃহং সব করহিং বিচারা ।
নহিং নিসিচর কুল কের উবারা ।।
জাসু দূত বল বরনি ন জাঈ ।
তেহি আএং পুর কবন ভলাঈ ।।
দূতিন্হ সন সুনি পুরজন বানী ।
মন্দোদরী অধিক অকুলানী ।।
রহসি জোরি কর পতি পগ লাগি ।
বোলী বচন নীতি রস পাগী ।।

There in the Kingdom of the Ego everyone was beset with doubts since it was destroyed by fire. Everyone was thinking of their homes, and wondering in what way could the family of demons be saved. "If no one is able to describe the strength of his one Ambassador, then how can we think what great calamity will befall us when he comes himself."

Hearing reports of the doubts of the citizens from her trusted spies, She Who Supports the Mind, the Queen, was beset with concern. In private she went to her husband with hands folded in respect, bowed to his feet, and politely spoke words full of reason.

कंत करष हरि सन परिहरहू ।
मोर कहा अति हित हियँ धरहू ॥
समुझत जासु दूत कइ करनी ।
स्रवहिं गर्भ रजनीचर घरनी ॥
तासु नारी निज सचिव बोलाई ।
पठवहु कंत जो चहहु भलाई ॥
तव कुल कमल बिपिन दुखदाई ।
सीता सीत निसा सम आई ॥
सुनहु नाथ सीता बिनु दीन्हें ।
हित न तुम्हार संभु अज कीन्हें ॥

kaṃta karaṣa hari sana pariharahū |
mora kahā ati hita hiyam̐ dharahū ||
samujhata jāsu dūta kai karanī |
sravahiṃ garbha rajanīcara gharanī ||
tāsu nārī nija saciva bolāī |
paṭhavahu kaṃta jo cahahu bhalāī ||
tava kula kamala bipina dukhadāī |
sītā sīta nisā sama āī ||
sunahu nātha sītā binu dīnheṃ |
hita na tumhāra saṃbhu aja kīnheṃ ||

কংত করষ হরি সন পরিহরহূ ।
মোর কহা অতি হিত হিয়ং ধরহূ ।।
সমুঝত জাসু দূত কই করনী ।
স্রবহিং গর্ভ রজনীচর ঘরনী ।।
তাসু নারী নিজ সচিব বোলাঈ ।
পঠবহু কন্ত জো চহহু ভলাঈ ।।
তব কুল কমল বিপিন দুখদাঈ ।
সীতা সীত নিসা সম আঈ ।।
সুনহু নাথ সীতা বিনু দীন্হেং ।
হিত ন তুম্হার সম্ভু অজ কীন্হেং ।।

She said, "Oh my Beloved, please leave this enmity with the Respected Who Takes Away Adversity. Please take my words to your heart as extremely beneficial. From remembering the actions of his Ambassador, the pregnant demon women miscarried in fear. Oh my Beloved Husband, if you want the best, call your ministers, and along with them send his wife back to him. Nature has come to our family like a frost in the night to a bed of lotuses. Oh my Lord, please listen. Without returning Nature, not even Who Radiates Peace, Śiva, nor Creative Consciousness, Brahmā, can save you.

दो- राम बान अहि गन सरिस
निकर निसाचर भेक ।
जब लगि ग्रसत न तब लगि
जतनु करहु तजि टेक ॥ ३६ ॥

do- rāma bāna ahi gana sarisa
nikara nisācara bheka |
jaba lagi grasata na taba lagi
jatanu karahu taji ṭeka || 36 ||

দো- রাম বান অহি গন সরিস
নিকর নিসাচর ভেক ।
জব লগি গ্রসত ন তব লগি
জতনু করহু তজি টেক ।। ৩৬ ।।

श्रवन सुनी सठ ता करि बानी ।
बिहसा जगत बिदित अभिमानी ॥
सभय सुभाउ नारि कर साचा ।
मंगल महुँ भय मन अति काचा ॥
जौं आवइ मर्कट कटकाई ।
जिअहिं बिचारे निसिचर खाई ॥

śravana sunī saṭha tā kari bānī |
bihasā jagata bidita abhimānī ||
sabhaya subhāu nāri kara sācā |
maṃgala mahum̐ bhaya mana ati kācā ||
jauṃ āvai markaṭa kaṭakāī |
jiahiṃ bicāre nisicara khāī ||

শ্রবন সুনী সঠ তা করি বানী ।
বিহসা জগত বিদিত অভিমানী ।।
সভয় সুভাউ নারি কর সাচা ।
মংগল মহুং ভয় মন অতি কাচা ।।
জৌং আবই মর্কট কটকাঈ ।
জিঅহিং বিচারে নিসিচর খাঈ ।।

dohā- "The arrows of Consciousness are like an army of snakes, while our army is like a group of frogs. Renounce your stubborn attitude and use the means to save them from being devoured." 36

Hearing those words, that fool who was famous for his egotism laughed in derision. "The intrinsic nature of women is truly to be afraid. Even in times of welfare you have fear! How has your mind become so weak! Even if an army of monkeys were to attack, then the unfortunate demons will eat them up in order to nourish their lives.

कंपहिं लोकप जाकीं त्रासा ।
तासु नारि सभीत बडि हासा ॥
अस कहि बिहसि ताहि उर लाई ।
चलेउ सभाँ ममता अधिकाई ॥
मंदोदरी हृदयँ कर चिंता ।
भयउ कंत पर बिधि बिपरिता ॥
बैठेउ सभाँ खबरि असि पाई ।
सिंधु पार सेना सब आई ॥
बूझेसि सचिव उचित मत कहहू ।
ते सब हँसे मष्ट करि रहहू ॥

kampahiṃ lokapa jākīṃ trāsā |
tāsu nāri sabhīta baḍi hāsā ||
asa kahi bihasi tāhi ura lāī |
caleu sabhāँ mamatā adhikāī ||
maṃdodarī hṛdayaँ kara ciṃtā |
bhayau kaṃta para bidhi biparitā ||
baiṭheu sabhāँ khabari asi pāī |
siṃdhu pāra senā saba āī ||
būjhesi saciva ucita mata kahahū |
te saba haँse maṣṭa kari rahahū ||

কংপহিং লোকপ জাকীং ত্রাসা ।
তাসু নারি সভীত বড়ি হাসা ।।
অস কহি বিহসি তাহি উর লাঈ ।
চলেউ সভাং মমতা অধিকাঈ ।।
মংদোদরী হৃদয়ং কর চিন্তা ।
ভয়উ কংত পর বিধি বিপরিতা ।।
বৈঠেউ সভাং খবরি অসি পাঈ ।
সিন্ধু পার সেনা সব আঈ ।।
বূঝেসি সচিব উচিত মত কহহূ ।
তে সব হংসে মর্ষ্ট করি রহহূ ।।

The One who is feared by the Guardians of the Ten Directions, his wife is afraid? This is very funny indeed!"

Speaking in this manner, he laughed and hugged her with great affection, and departed to his council chambers. She Who Supports the Mind's heart was beset with anxiety, fearing that God had turned against her husband. Sitting in his council chambers, he received the news that the entire army of the enemy had arrived at the far shores of the ocean. He asked his ministers, "What ought to be done now?" They replied with a laugh that you sit with ease free from concern.

जितेहु सुरासुर तब श्रम नाहीं । नर बानर केहि लेखे माहीं ॥	**jitehu surāsura taba śrama nāhīṃ | nara bānara kehi lekhe māhīṃ ||**	জিতেহু সুরাসুর তব শ্রম নাহীং । নর বানর কেহি লেখে মাহীং ।।
दो- सचिव बैद गुर तीनि जौं प्रिय बोलहिं भय आस । राज धर्म तन तीनि कर होइ बेगिहीं नास ॥ ३७ ॥	**do- saciva baida gura tīni jauṃ priya bolahiṃ bhaya āsa | rāja dharma tana tīni kara hoi begihīṃ nāsa || 37 ||**	দো- সচিব বৈদ গুর তীনি জোং প্রিয় বোলহিং ভয় আস । রাজ ধর্ম তন তীনি কর হোই বেগিহীং নাস ।। ৩৭ ।।
सोइ रावन कहुँ बनी सहाई । अस्तुति करहिं सुनाइ सुनाई ॥ अवसर जानि बिभीषनु आवा । भ्राता चरन सीसु तेहिं नावा ॥	**soi rāvana kahuṁ banī sahāī | astuti karahiṃ sunāi sunāī || avasara jāni bibhīṣanu āvā | bhrātā carana sīsu tehiṃ nāvā ||**	সোই রাবন কহুং বনী সহাঈ । অস্তুতি করহিং সুনাই সুনাঈ ।। অবসর জানি বিভীষনু আবা । ভ্রাতা চরন সীসু তেহি নাবা ।।

"You defeated the Gods and demons without any strain. Why should you be concerned about some men and monkeys?"

dohā- If an advisor, a doctor or a guru, these three, say only what is pleasing to their listener from fear or from selfish desire, then the kingdom, the body and the Ideals of perfection will quickly be destroyed. 37

This was the position of the Ego, whenever he was present, his advisors continually told him the things he liked to hear.

पुनि सिरु नाइ बैठ निज आसन ।
बोला बचन पाइ अनुसासन ॥
जौ कृपाल पूँछिहु मोहि बाता ।
मति अनुरूप कहउँ हित ताता ॥
जो आपन चाहै कल्याना ।
सुजसु सुमति सुभ गति सुख नाना ॥
सो परनारि लिलार गोसाईं ।
तजउ चउथि के चंद कि नाईं ॥
चौदह भुवन एक पति होई ।
भूतद्रोह तिष्टइ नहिं सोई ॥

puni siru nāi baiṭha nija āsana |
bolā bacana pāi anusāsana ||
jau kṛpāla pūṁchihu mohi bātā |
mati anurūpa kahauṁ hita tātā ||
jo āpana cāhai kalyānā |
sujasu sumati subha gati sukha nānā ||
so paranāri lilāra gosāīṃ |
tajau cauthi ke caṃda ki nāīṃ ||
caudha bhuvana eka pati hoī |
bhūtadroha tiṣṭai nahiṃ soī ||

পুনি সিরু নাই বৈঠ নিজ আসন ।
বোলা বচন পাই অনুসাসন ।।
জৌ কৃপাল পূং ছিহু মোহি বাতা ।
মতি অনুরূপ কহউং হিত তাতা ।।
জো আপন চাহৈ কল্যানা ।
সুজসু সুমতি সুভ গতি সুখ নানা ।।
সো পরনারি লিলার গোসাঈং ।
তজউ চউথি কে চন্দ কি নাঈং ।।
চৌদহ ভুবন এক পতি হোঈ ।
ভূতদ্রোহ তিষ্টই নহিং সোঈ ।।

In this circumstance Discrimination presented himself, and bowed his head with deep humility before his older brother. After bowing his head, he took his seat and requested permission to speak. "Oh Merciful One, since you have given me permission to speak, then hey, my beloved brother, I will say that which in my understanding I believe to be in your best interests. Whoever desires his own welfare, excellent fame, wise understanding, an excellent end, and various forms of happiness, will not look at another man's woman, just like people avoid looking at the moon on the fourth day of its

गुन सागर नागर नर जोऊ ।
अल्प लोभ भल कहइ न कोऊ ॥

दो- काम क्रोध मद लोभ सब
नाथ नरक के पंथ ।
सब परिहरि रघुबीरहि
भजहु भजहिं जेहि संत ॥ ३८ ॥

तात राम नहिं नर भूपाला ।
भुवनेस्वर कालहु कर काला ॥

guna sāgara nāgara nara joū |
alapa lobha bhala kahai na koū ||

do- kāma krodha mada lobha saba
nātha naraka ke paṃtha |
saba parihari raghubīrahi
bhajahu bhajahiṃ jehi saṃta || 38 ||

tāta rāma nahiṃ nara bhūpālā |
bhuvanesvara kālahu kara kālā ||

গুন সাগর নাগর নর জোউ ।
অলপ লোভ ভল কহই ন কোউ ।।

দো- কাম ক্রোধ মদ লোভ সব
নাথ নরক কে পংথ ।
সব পরিহরি রঘুবীরহি
ভজহু ভজহিং জেহি সন্ত ।। ৩৮ ।।

তাত রাম নহিং নর ভূপালা ।
ভুবনেস্বর কালহু কর কালা ।।

appearance. Even if one be Lord of the fourteen worlds, if he became an enemy of living beings, he will not remain. If a man be an ocean of qualities and be clever as well, because of a little greed no one will speak well of him.

dohā- "Oh Lord, desire, anger, arrogance and greed all lead the way to hell. Leave all of these and celebrate the Lord of Light, just like the saints do celebrate. 38

"My Beloved, Consciousness is not only a man acting as a king. He is the Master of all the Worlds, He is the Time beyond all Time.

ब्रह्म अनामय अज भगवंता ।
ब्यापक अजित अनादि अनंता ॥
गो द्विज धेनु देव हितकारी ।
कृपा सिंधु मानुष तनु धारी ॥
जन रंजन भंजन खल ब्राता ।
बेद धर्म रच्छक सुनु भ्राता ॥
ताहि बयरु तजि नाइअ माथा ।
प्रनतारति भंजन रघुनाथा ॥
देहु नाथ प्रभु कहुँ बैदेही ।
भजहु राम बिनु हेतु सनेही ॥

brahma anāmaya aja bhagavaṃtā |
byāpaka ajita anādi anaṃtā ||
go dvija dhenu deva hitakārī |
kṛpā siṃdhu mānuṣa tanu dhārī ||
jana raṃjana bhaṃjana khala brātā |
beda dharma racchaka sunu bhrātā ||
tāhi bayaru taji nāia māthā |
pranatārati bhaṃjana raghunāthā ||
dehu nātha prabhu kahuṁ baidehī |
bhajahu rāma binu hetu sanehī ||

ব্রহ্ম অনাময় অজ ভগবন্তা ।
ব্যাপক অজিত অনাদি অনন্তা ।।
গো দ্বিজ ধেনু দেব হিতকারী ।
কৃপা সিন্ধু মানুষ তনু ধারী ।।
জন রংজন ভংজন খল ব্রাতা ।
বেদ ধর্ম রচ্ছক সুনু ভ্রাতা ।।
তাহি বয়রু তজি নাইঅ মাথা ।
প্রনতারতি ভংজন রঘুনাথা ।।
দেহু নাথ প্রভু কহুং বৈদেহী ।
ভজহু রাম বিনু হেতু সনেহী ।।

He is the Supreme Divinity, Unchanging, Without Birth, Lord of All, Who Distinguishes all Existence, Undefeated, Without a Second, Infinite. For the benefit of the earth, learned men, cows and Gods, the Ocean of Grace has taken the body of a human being. Please listen Brother. He gives bliss to those who serve him, destroys those who perform evil, and protects the ways of wisdom and the Ideals of Perfection. Leave this enmity and bow your head in respect. For those who take refuge in the Lord of Light, he destroys all pain. Oh King, return the Daughter of the One without a Body to the Lord, and without any other motivation sing the praise of Consciousness with great love.

सरन गएँ प्रभु ताहु न त्यागा ।
बिस्व द्रोह कृत अघ जेहि लागा ॥
जासु नाम त्रय ताप नसावन ।
सोइ प्रभु प्रगट समुझु जियँ रावन ॥

sarana gaeṁ prabhu tāhu na tyāgā |
bisva droha kṛta agha jehi lāgā ||
jāsu nāma traya tāpa nasāvana |
soi prabhu pragaṭa samujhu jiyaṁ rāvana ||

সরন গএং প্রভু তাহু ন ত্যাগা ।
বিস্বদ্রোহ কৃত অঘ জেহি লাগা ।।
জাসু নাম ত্রয় তাপ নসাবন ।
সোই প্রভু প্রগট সমুঝু জিয়ং
রাবন ।।

दो- बार बार पद लागउँ
बिनय करउँ दससीस ।
परिहरि मान मोह मद
भजहु कोसलाधीस ॥ ३९ (क) ॥

do- bāra bāra pada lāgauṁ
binaya karuṁ dasasīsa |
parihari māna moha mada
bhajahu kosalādhīsa || 39 (k) ||

দো- বার বার পদ লাগউং
বিনয় করউং দসসীস ।
পরিহরি মান মোহ মদ
ভজহু কোসলাধীস ।। ৩৯ (ক) ।।

The Lord never forsakes one who has taken refuge in him, even if he had committed sins against the entire world before repentance. He whose name destroys the pains of the three worlds, that Lord has manifest. Please understand this, Ego.

dohā- "Oh One with Ten Heads, again and again I bow to your feet, and with all humility request you to leave your pride, delusion and arrogance, and celebrate the Divinity of The Nation of Welfare. 39 (k)

दो- मुनि पुलस्ति निज सिष्य सन
कहि पठई यह बात ।
तुरत सो मैं प्रभु सन कही
पाइ सुअवसरु तात ॥ ३९ (ख) ॥

do- muni pulasti nija siṣya sana
kahi paṭhaī yaha bāta |
turata so maiṃ prabhu sana kahī
pāi suavasaru tāta || 39 (kh) ||

দো- মুনি পুলস্তি নিজ সিষ্য সন
কহি পঠঈ য়হ বাত ।
তুরত সো মৈং প্রভু সন কহী
পাই সুঅবসরু তাত ।। ৩৯ (খ) ।।

माल्यवंत अति सचिव सयाना ।
तासु बचन सुनि अति सुख माना ॥
तात अनुज तव नीति बिभूषन ।
सो उर धरहु जो कहत बिभीषन ॥
रिपु उतकरष कहत सठ दोऊ ।
दूरि न करहु इहाँ हइ कोऊ ॥

mālyavaṃta ati saciva sayānā |
tāsu bacana suni ati sukha mānā ||
tāta anuja tava nīti bibhūṣana |
so ura dharahu jo kahata
bibhīṣana ||
ripu utakaraṣa kahata saṭha doū |
dūri na karahu ihāṁ hai koū ||

মাল্যবন্ত অতি সচিব সয়ানা ।
তাসু বচন সুনি অতি সুখ মানা ।।
তাত অনুজ তব নীতি বিভূষন ।
সো উর ধরহু জো কহত
বিভীষন ।।
রিপু উতকরষ কহত সঠ দোউ ।
দূরি ন করহু ইহাং হই কোউ ।।

"The Sage Pulasti, our Grandfather, has just sent this message through his disciple, and that is why I have taken this opportunity to convey it to you, Beloved Brother." 39 (kh)

Respect was the name of a very wise minister. Hearing the speech of Discrimination, he was very happy and said, "Oh Dear One, your younger brother is extremely proficient in diplomacy. Please accept in your heart what Discrimination has said." Ego became angry and said, "These two fools are continually praising the greatness of my enemy. Is there no one here who will take them away from me?"

माल्यवंत गृह गयउ बहोरी ।
कहइ बिभीषनु पुनि कर जोरी ॥
सुमति कुमति सब कें उर रहहीं ।
नाथ पुरान निगम अस कहहीं ॥
जहाँ सुमति तहँ संपति नाना ।
जहाँ कुमति तहँ बिपति निदाना ॥
तव उर कुमति बसी बिपरीता ।
हित अनहित मानहु रिपु प्रीता ॥
कालराति निसिचर कुल केरी ।
तेहि सीता पर प्रीति घनेरी ॥

mālyavaṃta gṛha gayau bahorī |
kahi bibhīṣanu puni kara jorī ||
sumati kumati saba keṃ ura rahahīṃ |
nātha purāna nigama asa kahahīṃ ||
jahām̐ sumati taham̐ sampati nānā |
jahām̐ kumati taham̐ bipati nidānā ||
tava ura kumati basī biparītā |
hita anahita mānahu ripu prītā ||
kālarāti nisicara kula kerī |
tehi sītā para prīti ghanerī ||

মাল্যবন্ত গৃহ গয়উ বহোরী ।
কহই বিভীষনু পুনি কর জোরী ।।
সুমতি কুমতি সব কেং উর রহহীং ।
নাথ পুরান নিগম অস কহহীং ।।
জহাং সুমতি তহং সম্পতি নানা ।
জহাং কুমতি তহং বিপতি নিদানা ।।
তব উর কুমতি বসী বিপরীতা ।
হিত অনহিত মানহু রিপু প্রীতা ।।
কালরাতি নিসিচর কুল কেরী ।
তেহি সীতা পর প্রীতি ঘনেরি ।।

Then Respect went away to his home, but Discrimination remained and with hands folded in respect began to plead, "Oh Lord, our holy scriptures proclaim that excellent intelligence and selfish stupidity reside within all. Where there is excellent intelligence, there is the enjoyment of various kinds of wealth. Where there is selfish stupidity, the result is always adversity. Now selfish stupidity has taken you in its grasp and the results will be opposite. You cannot tell benefit from disaster, nor who is your friend nor who is your enemy. Your love for Nature is like the night of dissolution for the demon families.

दो- तात चरन गहि मागउँ
राखहु मोर दुलार ।
सीता देहु राम कहुँ
अहित न होइ तुम्हार ॥ ४० ॥

do- tāta carana gahi māgauṁ
rākhahu mora dulāra |
sītā dehu rāma kahuṁ
ahita na hoi tumhāra || 40 ||

দো- তাত চরন গহি মাগউং
রাখহু মোর দুলার ।
সীতা দেহু রাম কহুং
অহিত ন হোই তুম্হার ।। ৪০ ।।

बुध पुरान श्रुति संमत बानी ।
कही बिभीषन नीति बखानी ॥
सुनत दसानन उठा रिसाई ।
खल तोहि निकट मृत्यु अब आई ॥
जिअसि सदा सठ मोर जिआवा ।
रिपु कर पच्छ मूढ तोहि भावा ॥

budha purāna śruti saṃmata bānī |
kahī bibhīṣana nīti bakhānī ||
sunata dasānna uṭhā risāī |
khala tohi nikaṭa mṛtyu aba āī ||
jiasi sadā saṭha mora jiāvā |
ripu kara paccha mūḍha tohi bhāvā ||

বুধ পুরান শ্রুতি সংমত বানী ।
কহি বিভীষন নীতি বখানী ।।
সুনত দসানন উঠা রিসাঈ ।
খল তোহি নিকট মৃত্যু অব আঈ ।।
জিঅসি সদা সঠ মোর জিআবা ।

dohā- "Oh my Beloved Brother, I am falling at your feet as a beggar. Please remember your love for me as a little child, and because of that love return Nature to Consciousness so that nothing bad will befall you." 40

Discrimination tried in every way to persuade him, quoting the words of scriptures, the Vedas, wise men and diplomacy. The One with Ten Heads rose from his seat in anger from listening, and proclaimed, "Now your death has come close to you. Oh you fool! You are surviving by eating my food! What a fool you are by taking the side of my enemy!

कहसि न खल अस को जग माहीं ।
भुज बल जाहि जिता मैं नाहीं ॥
मम पुर बसि तपसिन्ह पर प्रीती ।
सठ मिलु जाइ तिन्हहि कहु नीती ॥
अस कहि कीन्हेसि चरन प्रहारा ।
अनुज गहे पद बारहिं बारा ॥
उमा संत कइ इहइ बडाई ।
मंद करत जो करइ भलाई ॥
तुम्ह पितु सरिस भलेहिं मोहि मारा ।
रामु भजें हित नाथ तुम्हारा ॥

kahasi na khala asa ko jaga māhīṃ |
bhuja bala jāhi jitā maiṃ nāhīṃ ||
mama pura basi tapasinha para prītī |
saṭha milu jāi tinhahi kahu nītī ||
asa kahi kīnhesi carana prahārā |
anuja gahe pada bārahiṃ bārā ||
umā saṃta kai ihai baḍāī |
maṃda karata jo karai bhalāī ||
tumha pitu sarisa bhalehiṃ mohi mārā |
rāmu bhajeṃ hita nātha tumhārā ||

রিপু কর পচ্ছ মূঢ় তোহি ভাবা ।।
কহসি ন খল অস কো জগ মাহীং ।
ভুজ বল জাহি জিতা মৈং নাহীং ।।
মম পুর বসি তপসিন্হ পর প্রীতী ।
সঠ মিলু জাই তিন্হহি কহু নীতী ।।
অস কহি কীন্হেসি চরন প্রহারা ।
অনুজ গহে পদ বারহিং বারা ।।
উমা সন্ত কই ইহই বড়াই ।
মংদ করত জো করই ভলাই ।।
তুম্হ পিতু সরিস ভলেহিং মোহি মারা ।

Tell me, who is there in this world that I have not defeated by the strength of my arms? Living in my city, you are in love with those sādhus performing austerities in the forests! Go live with them and teach ethics to them!" Saying this, he kicked his younger brother with his foot. But the younger brother clasped his feet again and again.

Śiva said, "Divine Mother Umā, that is the greatness of a saint, even though treated with evil, he only offered goodness in return." Discrimination said, "Respected Brother, you are like my father. It is OK for you to strike me. But oh my Lord, your welfare lies in celebrating the respect of Consciousness."

सचिव संग लै नभ पथ गयऊ ।
सबहि सुनाइ कहत अस भयऊ ॥

दो- रामु सत्यसंकल्प प्रभु
सभा कालबस तोरि ।
मैं रघुबीर सरन अब
जाउँ देहु जनि खोरि ॥ ४१ ॥

अस कहि चला बिभीषनु जबहीं ।
आयूहीन भए सब तबहीं ॥
साधु अवग्या तुरत भवानी ।
कर कल्यान अखिल कै हानी ॥

saciva saṃga lai nabha patha gayaū |
sabhi sunāi kahata asa bhayaū ||

do- rāmu satyasaṃkalpa prabhu
sabhā kālabasa tori |
maiṃ raghubīra sarana aba
jāuṁ dehu jani khori || 41 ||

asa kahi calā bibhīṣanu jabahīṃ |
āyūhīna bhae saba tabahīṃ ||
sādhu avagyā turata bhavānī |
kara kalyāna akhila kai hānī ||

রাম্ভু ভজেং হিত নাথ তুম্হারা ।।
সচিব সংগ লৈ নভ পথ গয়ঊ ।
সবহি সুনাই কহত অস ভয়ঊ ।।

দো- রাম্ভু সত্যসংকল্প প্রভু
সভা কালবস তোরি ।
মৈং রঘুবীর সরন অব
জাউং দেহু জনি খোরি ।। ৪১ ।।

অস কহি চলা বিভীষনু জবহীং ।
আয়ূহীন ভএ সব তবহীং ।।
সাধু অবগ্যা তুরত ভবানী ।

Discrimination rose up into the air along with his advisors and while departing said,

dohā- "The Respected Consciousness has true determination and is the Lord, and your council chamber is subject to time. Now I am going to take refuge with the Respected Hero of Light. Please do not hold me at fault." 41

When Discrimination left saying these words, then all of those demons became condemned to death.

Śiva said, "Oh Divine Mother, the insult to a sādhu immediately destroys all welfare."

रावन जबहिं बिभीषन त्यागा।
भयउ बिभव बिनु तबहिं अभागा॥
चलेउ हरषि रघुनायक पाहीं।
करत मनोरथ बहु मन माहीं॥
देखिहउँ जाइ चरन जलजाता।
अरुन मृदुल सेवक सुखदाता॥
जे पद परसि तरी रिषिनारी।
दंडक कानन पावनकारी॥
जे पद जनकसुताँ उर लाए।
कपट कुरंग संग धर धाए॥

rāvana jabahiṃ bibhīṣana tyāgā |
bhayu bibhava binu tabahiṃ abhāgā ||
caleu haraṣi raghunāyaka pāhīṃ |
karata manoratha bahu mana māhīṃ ||
dekhihaum̐ jāi carana jalajātā |
aruna mṛdula sevaka sukhadātā ||
je pada parasi tarī riṣinārī |
daṃḍaka kānana pāvanakārī ||
je pada janakasutām̐ ura lāe |
kapaṭa kuraṃga saṃga dhara dhāe ||

কর কল্যান অখিল কৈ হানী ।।
রাবন জবহিং বিভীষন ত্যাগা ।
ভয়উ বিভব বিনু তবহিং অভাগা ।।
চলেউ হরষি রঘুনায়ক পাহীং ।
করত মনোরথ বহু মন মাহীং ।।
দেখিহউং জাই চরন জলজাতা ।
অরুন মৃদুল সেবক সুখদাতা ।।
জে পদ পরসি তরী রিষিনারী ।
দণ্ডক কানন পাবনকারী ।।
জে পদ জনকসুতাং উর লাএ।
কপট কুরংগ সংগ ধর ধাএ ।।

The moment that Ego renounced Discrimination, his indivisible lordship was destroyed. With great delight Discrimination proceeded in search of the Lord of Light, lost in his own thoughts. He thought, "I will go and see the lotus feet with their beautiful red soles, which give such pleasures to those who serve without selfish attachment. Touching those feet, Ahalyā, the wife of the Ṛsi Gautama, was liberated, and the Forest of Punishment became purified. The same feet that the Daughter of The Cause keeps in her heart, which ran in pursuit of the deceitful deer,

हर उर सर सरोज पद जेई ।
अहोभाग्य मैं देखिहउँ तेई ॥

दो- जिन्ह पायन्ह के पादुकन्हि
भरतु रहे मन लाइ ।
ते पद आजु बिलोकिहउँ
इन्ह नयनन्हि अब जाइ ॥ ४२ ॥

एहि बिधि करत सप्रेम बिचारा ।
आयउ सपदि सिंधु एहिं पारा ॥
कपिन्ह बिभीषनु आवत देखा ।
जाना कोउ रिपु दूत बिसेषा ॥

hara ura sara saroja pada jeī |
ahobhāgya maiṃ dekhihum̐ teī ||

do- jinha pāyanha ke pādukanhi
bharatu rahe mana lāi |
te pada āju bilokihaum̐
inha nayananhi aba jāi || 42 ||

ehi bidhi karata saprema bicārā |
āyau sapadi siṃdhu ehiṃ pārā ||
kapinha bibhīṣanu āvata dekhā |
jānā kou ripu dūta biseṣā ||

হর উর সর সরোজ পদ জেঈ ।
অহোভাগ্য মৈং দেখিহউং তেঈ ।।

দো- জিন্হ পায়ন্হ কে পাদুকন্হি
ভরতু রহে মন লাই ।
তে পদ আজু বিলোকিহউং
ইন্হ নয়নন্হি অব জাই ।। ৪২ ।।

এহি বিধি করত সপ্রেম বিচারা ।
আয়উ সপদি সিন্ধু এহিং পারা ।।
কপিন্হ বিভীষনু আবত দেখা ।

and who even Lord Śiva keeps in the ocean of his heart, what great fortune that today I will see those feet.

dohā- "The sandals of those feet, Who Shines with the Light of Wisdom has enshrined in his mind. Oh at last, today I am going to see those feet with these my own eyes!" 42

In this way, lost in thoughts of love, he quickly crossed the ocean to the other shore. When the monkeys saw him approaching, they thought that he was an Ambassador from the enemy.

ताहि राखि कपीस पहिं आए ।
समाचार सब ताहि सुनाए ॥
कह सुग्रीव सुनहु रघुराई ।
आवा मिलन दसानन भाई ॥
कह प्रभु सखा बूझिऐ काहा ।
कहइ कपीस सुनहु नरनाहा ॥
जानि न जाइ निसाचर माया ।
कामरूप केहि कारन आया ॥
भेद हमार लेन सठ आवा ।
राखिअ बाँधि मोहि अस भावा ॥

tāhi rākhi kapīsa pahiṃ āe |
samācāra saba tāhi sunāe ||
kaha sugrīva sunahu raghurāī |
āvā milana dasānana bhāī ||
kaha prabhu sakhā būjhiai kāhā |
kahai kapīsa sunahu naranāhā ||
jāni na jāi nisācara māyā |
kāmarūpa kehi kārana āyā ||
bheda hamāra lena saṭha āvā |
rākhia bām̐dhi mohi asa bhāvā ||

জানা কোউ রিপু দূত বিসেষা ।।
তাহি রাখি কপীস পহিং আও ।
সমাচার সব তাহি সুনাও ।।
কহ সুগ্রীব সুনহু রঘুরাঈ ।
আবা মিলন দসানন ভাঈ ।।
কহ প্রভু সখা বুঝিঐ কাহা ।
কহই কপীস সুনহু নরনাহা ।।
জানি ন জাই নিসাচর মায়া ।
কামরূপ কেহি কারন আয়া ।।
ভেদ হমার লেন সঠ আবা ।
রাখিঅ বাংধি মোহি অস ভাবা ।।

They ordered him to await orders, and went to inform Excellent Friend and told him this news.

Excellent Friend went to tell Consciousness. "Oh King of Light, please listen. The brother of the Ego has come to meet you."

The Lord asked, "My Friend, what do you understand?"

And the King of the Monkeys replied, "Oh Great King, please listen. We don't know why he has come, but we know that the demons by their magic can change form at their own wish. This fool has come here to learn our secrets. That is why I think it best that we do not allow him."

सखा नीति तुम्ह नीकि बिचारी ।
मम पन सरनागत भयहारी ॥
सुनि प्रभु बचन हरष हनुमाना ।
सरनागत बच्छल भगवाना ॥

sakhā nīti tumha nīki bicārī |
mama pana saranāgata bhayahārī ||
suni prabhu bacana haraṣa hanumānā |
saranāgata bacchala bhagavānā ||

সখা নীতি তুম্হ নীকি বিচারী ।
মম পন সরনাগত ভয়হারী ।।
সুনি প্রভু বচন হরষ হনুমানা ।
সরনাগত বচ্ছল ভগবানা ।।

दो- सरनागत कहुँ जे तजहिं
निज अनहित अनुमानि ।
ते नर पावँर पापमय
तिन्हहि बिलोकत हानि ॥ ४३ ॥

do- saranāgata kahuṁ je tajahiṃ
nija anahita anumāni |
te nara pāvaṁra pāpamaya
tinhahi bilokata hāni || 43 ||

দো- সরনাগত কহুং জে তজহিং
নিজ অনহিত অনুমানি ।
তে নর পাবংর পাপময়
তিন্হহি বিলোকত হানি ।। ৪৩ ।।

Consciousness said, "My Friend, you are expert at the rules of ethics. But I have a vow to take away the fear of anyone who takes refuge with me."

Pure Devotion was delighted to hear the Lord's words.

dohā- Consciousness again said, "Those human beings who for fear of their own loss refuse shelter to a being in distress, they are small, filled with sin, and there is loss in even seeing them. 43

कोटि बिप्र बध लागहिं जाहू ।
आएँ सरन तजउँ नहिं ताहू ॥
सनमुख होइ जीव मोहि जबहीं ।
जन्म कोटि अघ नासहिं तबहीं ॥
पापवंत कर सहज सुभाऊ ।
भजनु मोर तेहि भाव न काऊ ॥
जौं पै दुष्ट हृदय सोइ होई ।
मोरें सनमुख आव कि सोई ॥
निर्मल मन जन सो मोहि पावा ।
मोहि कपट छल छिद्र न भावा ॥
भेद लेन पठवा दससीसा ।
तबहुँ न कछु भय हानी कपीसा ॥

koṭi bipra badha lāgahiṃ jāhū |
āeṁ sarana tajauṁ nahiṃ tāhū ||
sanamukha hoi jīva mohi jabahīṃ |
janma koṭi agha nāsahiṃ tabahīṃ ||
pāpavaṃta kara sahaja subhāū |
bhajanu mora tehi bhāva na kāū ||
jauṃ pai duṣṭa hṛdaya soi hoī |
moreṃ sanamukha āva ki soī ||
nirmala mana jana so mohi pāvā |
mohi kapaṭa chala chidra na bhāvā ||
bheda lena paṭhavā dasasīsā |
tabahuṁ na kachu bhaya hānī kapīsā ||

কোর্টি বিপ্র বধ লাগহিং জাহূ ।
আএং সরন তজউং নহিং তাহূ ।।
সনমুখ হোই জীব মোহি জবহীং ।
জন্ম কোর্টি অঘ নাসহিং তবহীং ।।
পাপবন্ত কর সহজ সুভাউ ।
ভজনু মোর তেহি ভাব ন কাউ ।।
জৌং পৈ দুর্ষ্ট হৃদয় সোই হোঈ ।
মোরেং সনমুখ আব কি সোঈ ।।
নির্মল মন জন সো মোহি পাবা ।
মোহি কপর্ট ছল ছিদ্র ন ভাবা ।।
ভেদ লেন পঠবা দসসীসা ।

"Even he who has slain millions of learned people, if he takes refuge in Me, I will not forsake him. Whatever life can come to face Me, his sins of millions of births are destroyed. Sinners have an intrinsic nature that they never find inclination to celebrate divinity. If he actually had evil in his heart, would it be possible for him to come before Me? Only those human beings who have a pure mind can find Me. I do not accept deceitful cheaters. Even if the One with Ten Heads sent him to learn our secrets, we still have no cause for fear of loss, Lord of Monkeys.

जग महुँ सखा निसाचर जेते ।
लछिमनु हनइ निमिष महुँ तेते ॥
जौं सभीत आवा सरनाईं ।
रखिहउँ ताहि प्रान की नाईं ॥

दो- उभय भाँति तेहि आनहु
हँसि कह कृपानिकेत ।
जय कृपाल कहि कपि चले
अंगद हनू समेत ॥ ४४ ॥

सादर तेहि आगें करि बानर ।
चले जहाँ रघुपति करुनाकर ॥

jaga mahum̐ sakhā nisācara jete |
lachimanu hanai nimiṣa mahum̐ tete ||
jauṃ sabhīta āvā saranāīṃ |
rakhihaum̐ tāhi prāna kī nāīṃ ||

do- ubhaya bhām̐ti tehi ānahu
ham̐si kaha kṛpāniketa |
jaya kṛpāla kahi kapi cale
aṃgada hanū sameta || 44 ||

sādara tehi āgeṃ kari bānara |
cale jahām̐ raghupati karunākara ||

তবহুং ন কছু ভয় হানী কপীসা ।।
জগ মহুং সখা নিসাচর জেতে ।
লছিমনু হনই নিমিষ মহুং তেতেং ।।
জৌং সভীত আবা সরনাঈং ।
রখিহউং তাহি প্রান কী নাঈং ।।

দো- উভয় ভাংতি তেহি আনহু
হংসি কহ কৃপানিকেত ।
জয় কৃপাল কহি কপি চলে
অংগদ হনু সমেত ।। ৪৪ ।।

সাদর তেহি আগেং করি বানর ।

My Friend, Determination alone can slay all of the demons in but a moment. And if he has come to seek refuge in Me because of fear, then I shall grant him life."

dohā- The Repository of Grace said with a laugh, "In either case bring him in." The monkeys cried, "Victory to the Giver of Grace," while He Who Subordinates Himself and Pure Devotion went to bring him. 44

He was escorted with respect to where the Repository of Grace, the Lord of Light was situated.

दूरिहि ते देखे द्वौ भ्राता ।
नयनानंद दान के दाता ॥
बहुरि राम छबिधाम बिलोकी ।
रहेउ ठटुकि एकटक पल रोकी ॥
भुज प्रलंब कंजारुन लोचन ।
स्यामल गात प्रनत भय मोचन ॥
सिंघ कंध आयत उर सोहा ।
आनन अमित मदन मन मोहा ॥
नयन नीर पुलकित अति गाता ।
मन धरि धीर कही मृदु बाता ॥
नाथ दसानन कर मैं भ्राता ।
निसिचर बंस जनम सुरत्राता ॥

dūrihi te dekhe dvau bhrātā |
nayanānaṃda dāna ke dātā ||
bahuri rāma chabidhāma bilokī |
raheu ṭhaṭuki ekaṭaka pala rokī ||
bhuja pralaṃba kaṃjāruna locana |
syāmala gāta pranata bhaya mocana ||
siṃgha kaṃdha āyata ura sohā |
ānana amita madana mana mohā ||
nayana nīra pulakita ati gātā |
mana dhari dhīra kahī mṛdu bātā ||
nātha dasānna kara maiṃ bhrātā |
nisicara baṃsa janma suratrātā ||

চলে জহাং রঘুপতি করুনাকর ।।
দূরিহি তে দেখে দ্বৌ ভ্রাতা ।
নয়নানন্দ দান কে দাতা ।।
বহুরি রাম ছবিধাম বিলোকী ।
রহেউ ঠটুকি একটক পল রোকী ।।
ভুজ প্রলংব কংজারুন লোচন ।
স্যামল গাত প্রনত ভয় মোচন ।।
সিংঘ কংধ আয়ত উর সোহা ।
আনন অমিত মদন মন মোহা ।।
নয়ন নীর পুলকিত অতি গাতা ।
মন ধরি ধীর কহী মৃদু বাতা ।।
নাথ দসানন কর মৈং ভ্রাতা ।

From afar he saw the two brothers who give bliss to all eyes. Seeing that picture of Consciousness, the residence of beauty, the visitor stood completely still, unable to utter a word or blink his eyes. The Lord had long arms, eyes like red lotuses, and a dark body which takes away the fear of those who take refuge in him. He had the shoulders of a lion, a broad chest, and was very charming. His face was more mesmerizing than uncountable Gods of Love. Seeing the Lord, Discrimination could not hold back his tears of love, and his body began to tremble. Then he composed himself and spoke in soft and sweet words. "Oh Lord, the One with Ten Heads is my brother. Oh Protector of the Gods, I was born of the family of demons.

सहज पापप्रिय तामस देहा ।
जथा उलूकहि तम पर नेहा ॥

दो- श्रवन सुजसु सुनि आयउँ
प्रभु भंजन भव भीर ।
त्राहि त्राहि आरति हरन
सरन सुखद रघुबीर ॥ ४५ ॥

अस कहि करत दंडवत देखा ।
तुरत उठे प्रभु हरष बिसेषा ॥
दीन बचन सुनि प्रभु मन भावा ।
भुज बिसाल गहि हृदयँ लगावा ॥

sahaja pāpapriya tāmasa dehā |
jathā ulūkahi tama para nehā ||

do- śravana sujasu suni āyaum̐
prabhu bhaṃjana bhava bhīra |
trāhi trāhi ārati harana
sarana sukhada raghubīra || 45 ||

asa kahi karata daṃḍavata dekhā |
turata uṭhe prabhu haraṣa biseṣā ||
dīna bacana suni prabhu mana bhāvā |
bhuja bisāla gahi hṛdayam̐ lagāvā ||

নিসিচর বংস জনম সুরত্রাতা ।।
সহজ পাপপ্রিয় তামস দেহা ।
জথা উলূকহি তম পর নেহা ।।

দো- শ্রবন সুজসু সুনি আয়উং
প্রভু ভন্জন ভব ভীর ।
ত্রাহি ত্রাহি আরতি হরন
সরন সুখদ রঘুবীর ।। ৪৫ ।।

অস কহি করত দণ্ডবত দেখা ।
তুরত উঠে প্রভু হরষ বিসেষা ।।
দীন বচন সুনি প্রভু মন ভাবা ।

My body was born of darkness, and by nature I am prone to sin, just like the owl enjoys the darkness of night.

dohā- "Oh Lord, I came to you having heard that you destroy the fear of existence. You destroy the pain of all who are distressed, and give comfort to those who take refuge in you. Protect me, protect me, Hero of Light." 45

Seeing him bowing completely at his feet, immediately the Lord rose with great delight. Hearing those humble words, the Lord's mind rejoiced, and with his long arms he raised him and embraced him to his heart.

अनुज सहित मिलि ढिग बैठारी ।
बोले बचन भगत भय हारी ॥
कहु लंकेस सहित परिवारा ।
कुसल कुटाहर बास तुम्हारा ॥
खल मंडली बसहु दिनु राती ।
सखा धरम निबहइ केहि भाँती ॥
मैं जानउँ तुम्हारि सब रीती ।
अति नय निपुन न भाव अनीती ॥
बरु भल बास नरक कर ताता ।
दुष्ट संग जनि देइ बिधाता ॥

anuja sahita mili ḍhiga baiṭhārī |
bole bacana bhagata bhaya hārī ||
kahu laṃkesa sahita parivārā |
kusala kuṭāhara bāsa tumhārā ||
khala maṃḍalī basahu dinu rātī |
sakhā dharma nibahai kehi bhāṁtī ||
maiṃ jānauṁ tumhāri saba rītī |
ati naya nipuna na bhāva anītī ||
baru bhala bāsa naraka kara tātā |
duṣṭa saṃga jani dei bidhātā ||

ভুজ বিসাল গহি হৃদয়ং লগাবা ।।
অনুজ সহিত মিলি ঢিগ বৈঠারী ।
বোলে বচন ভগত ভয় হারী ।।
কহু লংকেস সহিত পরিবারা ।
কুসল কুটাহর বাস তুম্হারা ।।
খল মণ্ডলী বসহু দিনু রাতী ।
সখা ধরম নিবহই কেহি ভাংতী ।।
মৈং জানউং তুম্হারি সব রীতী ।
অতি নয় নিপুন ন ভাব অনীতী ।।
বরু ভল বাস নরক কর তাতা ।
দুষ্ট সংগ জনি দেই বিধাতা ।।

Allowing his younger Brother Determination to embrace him, Discrimination was given a seat at the Lord's side. The Lord who removes all fear from devotees spoke these words. "Hey Lord of the Kingdom of the Ego, are you and your family well? You live in a very difficult place. Day and night you have the society of evil. In such a circumstance how do you practice your Ideals of Perfection? I know all about your life-style. You are an expert at ethical behavior, and have nothing to do with unethical behavior. Oh Dear One, it is much better to live in hell, than to have God place us in evil association."

अब पद देखि कुसल रघुराया ।
जौं तुम्ह कीन्हि जानि जन दाया ॥

aba pada dekhi kusala raghurāyā |
jauṃ tumha kīnhi jāni jana dāyā ||

অব পদ দেখি কুসল রঘুরায়া ।
জৌং তুম্হ কীন্হি জানি জন দায়া ।।

दो- तब लगि कुसल न जीव कहुँ
सपनेहुँ मन बिश्राम ।
जब लगि भजत न राम कहुँ
सोक धाम तजि काम ॥ ४६ ॥

do- taba lagi kusala na jīva kahuṁ
sapanehuṁ mana biśrāma |
jaba lagi bhajata na rāma kahuṁ
soka dhāma taji kāma || 46 ||

দো- তব লগি কুসল ন জীব কহুং
সপনেহুং মন বিশ্রাম ।
জব লগি ভজত ন রাম কহুং
সোক ধাম তজি কাম ।। ৪৬ ।।

तब लगि हृदयँ बसत खल नाना ।
लोभ मोह मच्छर मद माना ॥
जब लगि उर न बसत रघुनाथा ।
धरें चाप सायक कटि भाथा ॥

taba lagi hṛdayaṁ basata khala nānā |
lobha moha macchara mada mānā ||
jaba lagi ura na basata raghunāthā |
dhareṃ cāpa sāyaka kaṭi bhāthā ||

তব লগি হৃদয়ং বসত খল নানা ।
লোভ মোহ মচ্ছর মদ মানা ।।
জব লগি উর ন বসত রঘুনাথা ।

Discrimination replied, "Oh Lord of Light, now that I have seen your feet I am well, and you have given me the great compassion to have known me as your servant.

dohā- "No life can be well, neither can there be rest in dreams or in thoughts until one renounces desires, and takes refuge in singing of Divine Consciousness. 46

"The evil ones, greed, delusion, jealousy, arrogance, pride and others, can only stay in our minds until the Lord of Light, armed with bow and arrows, does not take up residence in our hearts.

ममता तरुन तमी अँधिआरी ।
राग द्वेष उलूक सुखकारी ॥
तब लगि बसति जीव मन माहीं ।
जब लगि प्रभु प्रताप रबि नाहीं ॥
अब मैं कुसल मिटे भय भारे ।
देखि राम पद कमल तुम्हारे ॥
तुम्ह कृपाल जा पर अनुकूला ।
ताहि न ब्याप त्रिबिध भव सूला ॥
मैं निसिचर अति अधम सुभाऊ ।
सुभ आचरनु कीन्ह नहिं काऊ ॥

mamatā taruna tamī am̐dhiārī |
rāga dveṣa ulūka sukhakārī ||
taba lagi basati jīva mana māhīṃ |
jaba lagi prabhu pratāpa rabi nāhīṃ ||
aba maiṃ kusala miṭe bhaya bhāre |
dekhi rāma pada kamala tumhāre ||
tumha kṛpāla jā para anukūlā |
tāhi na byāpa tribidha bhava sūlā ||
maiṃ nisicara ati adhama subhāū |
subha ācaranu kīnha nahiṃ kāū ||

ধরেং চাপ সায়ক কটি ভাথা ।।
মমতা তরুন তমী অংধিআরী ।
রাগ দ্বেষ উলূক সুখকারী ।।
তব লগি বসতি জীব মন মাহীং ।
জব লগি প্রভু প্রতাপ রবি নাহীং ।।
অব মৈং কুসল মিটে ভয় ভারে ।
দেখি রাম পদ কমল তুম্হারে ।।
তুম্হ কৃপাল জা পর অনুকূলা ।
তাহি ন ব্যাপ ত্রিবিধ ভব সূলা ।।
মৈং নিসিচর অতি অধম সুভাঊ ।
সুভ আচরনু কীন্হ নহিং কাঊ ।।

Attachment is like a completely dark night; passion and enmity give pleasure to the owl who remains awake. That night of attachment can only occupy the mind of Life until the radiance of the Lord rises like the rising sun. Oh Consciousness, seeing your lotus feet has made me well and my greatest fears have been dispelled. Oh Merciful One, the ones who enjoy your favor are free from the threefold torments of existence. I am an extremely lowly being born of demons. I never performed pure behavior.

जासु रूप मुनि ध्यान न आवा । तेहिं प्रभु हरषि हृदयँ मोहि लावा ॥	**jāsu rūpa muni dhyāna na āvā | tehiṃ prabhu haraṣi hṛdayaṁ mohi lāvā ||**	জাসু রূপ মুনি ধ্যান ন আবা । তেহিং প্রভু হরষি হৃদয়ংমোহি লাবা ।।
दो- अहोभाग्य मम अमित अति राम कृपा सुख पुंज । देखेउँ नयन बिरंचि सिव सेब्य जुगल पद कंज ॥ ४७ ॥	**do- ahobhāgya mama amita ati rāma kṛpā sukha puṃja | dekheuṁ nayana biraṃci siva sebya jugala pada kaṃja || 47 ||**	দো- অহোভাগ্য মম অমিত অতি রাম কৃপা সুখ পুংজ । দেখেউং নয়ন বিরঞ্চি সিব সেব্য জুগল পদ কংজ ।। ৪৭ ।।
सुनहु सखा निज कहउँ सुभाऊ । जान भुसुंडि संभु गिरिजाऊ ॥	**sunahu sakhā nija kahauṁ subhāū | jāna bhusuṃḍi saṃbhu girijāū ||**	সুনহু সখা নিজ কহউং সুভাউ ।

Yet the form that men of wisdom strive to see in meditation has been so gracious as to embrace me to his heart.

dohā- "Oh Consciousness, Rays of Happiness and Grace, with what good fortune am I blessed with today! I have seen with my own eyes the lotus feet of He who is served by Creative Consciousness, Brahmā, and The Consciousness of Infinite Goodness, Śiva." 47

Consciousness said, "Listen, my Friend, I will tell you of my intrinsic nature which is known by the wise crow Bhusuṃḍi, Who Radiates Peace, and the Daughter of the Mountain.

जौं नर होइ चराचर द्रोही ।
आवै सभय सरन तकि मोही ॥
तजि मद मोह कपट छल नाना ।
करउँ सद्य तेहि साधु समाना ॥
जननी जनक बंधु सुत दारा ।
तनु धनु भवन सुहृद परिवारा ॥
सब कै ममता ताग बटोरी ।
मम पद मनहि बाँध बरि डोरि ॥
समदरसी इच्छा कछु नाहीं ।
हरष सोक भय नहिं मन माहीं ॥
अस सज्जन मम उर बस कैसें ।
लोभी हृदयँ बसइ धनु जैसें ॥

jauṃ nara hoi carācara drohī |
āvai sabhaya sarana taki mohī ||
taji mada moha kapaṭa chala nānā |
karauṁ sadya tehi sādhu samānā ||
jananī janaka baṃdhu suta dārā |
tanu dhanu bhavana suhṛda parivārā ||
saba kai mamatā tāga baṭorī |
mama pada manahi bāṁdha bari ḍori ||
samadarasī icchā kachu nāhīṃ |
haraṣa soka bhaya nahiṃ mana māhīṃ ||
asa sajjana mama ura basa kaiseṃ |
lobhī hṛdayaṁ basai dhanu jaiseṃ ||

জান ভুসুণ্ডি সংভু গিরিজাউ ।।
জৌং নর হোই চরাচর দ্রোহি ।
আবৈ সভয় সরন তকি মোহী ।।
তজি মদ মোহ কপট ছল নানা ।
করউং সদ্য তেহি সাধু সমানা ।।
জননী জনক বন্ধু সুত দারা ।
তনু ধনু ভবন সুহৃদ পরিবারা ।।
সব কৈ মমতা তাগ বটোরী ।
মম পদ মনহি বাংধ বরি ডোরি ।।
সমদরসী ইচ্ছা কছু নাহীং ।
হরষ সোক ভয় নহিং মন মাহীং ।।
অস সজ্জন মম উর বস কৈসেং ।

If any man, even a traitor to the world which moves and does not move, comes to Me to take refuge from fear with full consciousness, and renounces arrogance, delusion, and various forms of deceitful behavior, I make him a sādhu very quickly. Mother, father, brother, children, wife, body, wealth, home, friends and family, if one renounces all attachments and binds himself to my feet with no other desire than Me, he sees all with equilibrium, his mind is always happy, and he knows neither grief nor fear. Such true beings reside in my heart, just like the thought of wealth resides in the heart of a greedy man.

तुम्ह सारिखे संत प्रिय मोरें ।
धरउँ देह नहिं आन निहोरें ॥

दो- सगुन उपासक परहित
निरत नीति दृढ नेम ।
ते नर प्रान समान मम
जिन्ह कें द्विज पद प्रेम ॥ ४८ ॥

सुनु लंकेस सकल गुन तोरें ।
तातें तुम्ह अतिसय प्रिय मोरें ॥
राम बचन सुनि बानर जूथा ।
सकल कहहिं जय कृपा बरूथा ॥

tumha sārikhe saṃta priya moreṃ |
dharauṁ deha nahiṃ āna nihoreṃ ||

do- saguna upāsaka parahita
nirata nīti dṛḍha nema |
te nara prāna samāna mama
jinha keṃ dvija pada prema || 48 ||

sunu laṃkesa sakala guna toreṃ |
tāteṃ tumha atisaya priya moreṃ ||
rāma bacana suni bānara jūthā |
sakala kahahiṃ jaya kṛpā barūthā ||

লোভী হৃদয়ং বসই ধনু জৈসেং ।।
তুম্হ সারিখে সন্ত প্রিয় মোরেং ।
ধরউং দেহ নহিং আন নিহোরেং ।।

দো- সগুন উপাসক পরহিত
নিরত নীতি দৃঢ় নেম ।
তে নর প্রান সমান মম
জিন্হ কেং দ্বিজ পদ প্রেম ।। ৪৮ ।।

সুনু লংকেস সকল গুন তোরেং ।
তাতেং তুম্হ অতিসয় প্রিয় মোরেং ।।
রাম বচন সুনি বানর জুথা ।

Saints like you are beloved by Me, and for no other reason do I wear a body.

dohā- "Those who worship the Lord with form, who always think for the welfare of others, who are constant in the performance of ethical procedures, who offer love to the feet of the learned, they are like my very breath. 48

"Listen, Lord of the Kingdom of the Ego, within you are all the appropriate qualities, in addition to which you are very much beloved by Me." Hearing the words of Consciousness, all of the monkeys began to shout, "Victory to Consciousness, the Repository of Grace!"

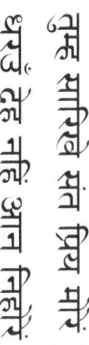

सुनत बिभीषनु प्रभु कै बानी ।
नहिं अघात श्रवनामृत जानी ॥
पद अंबुज गहि बारहिं बारा ।
हृदयँ समात न प्रेमु अपारा ॥
सुनहु देव सचराचर स्वामी ।
प्रनतपाल उर अंतरजामी ॥
उर कछु प्रथम बासना रही ।
प्रभु पद प्रीति सरित सो बही ॥
अब कृपाल निज भगति पावनी ।
देहु सदा सिव मन भावनी ॥
एवमस्तु कहि प्रभु रनधीरा ।
मागा तुरत सिंधु कर नीरा ॥

sunata bibhīṣanu prabhu kai bānī |
nahiṃ aghāta śravanāmṛta jānī ||
pada aṃbuja gahi bārahiṃ bārā |
hṛdayaṁ samāta na premu apārā ||
sunahu deva sacarācara svāmī |
pranatapāla ura aṃtarajāmī ||
ura kachu prathama bāsanā rahī |
prabhu pada prīti sarita so bahī ||
aba kṛpāla nija bhagati pāvanī |
dehu sadā siva mana bhāvanī ||
evamastu kahi prabhu ranadhīrā |
māgā turata siṃdhu kara nīrā ||

সকল কহহিং জয় কৃপা বরূথা ।।
সুনত বিভীষনু প্রভু কৈ বানী ।
নহিং অঘাত শ্রবনামৃত জানী ।।
পদ অংবুজ গহি বারহি বারা ।
হৃদয়ং সমাত ন প্রেমু অপারা ।।
সুনহু দেব সচরাচর স্বামী ।
প্রনতপাল উর অন্তরজামী ।।
উর কছু প্রথম বাসনা রহী ।
প্রভু পদ প্রীতি সরিত সো বহী ।।
অব কৃপাল নিজ ভগতি পাবনী ।
দেহু সদা সিব মন ভাবনী ।।
এবমস্তু কহি প্রভু রনধীরা ।

Discrimination could not hear enough of the nectar of the Lord's words. He grasped those lotus feet again and again, and his heart was bursting with the fullness of love. He said, "Oh Lord, oh Master of the world which moves and does not move, oh Protector of all Life, oh You who know the innermost secrets of all; I had one desire which has been washed away in the river of divine love to your feet. Oh God, oh Giver of Grace, grant me pure devotion like Śiva always keeps in his mind."

"Let it be so," replied the Lord who is strong in battle, and he called for some water to be brought from the ocean.

जदपि सखा तव इच्छा नाहीं ।
मोर दरसु अमोघ जग माहीं ॥
अस कहि राम तिलक तेहि सारा ।
सुमन बृष्टि नभ भई अपारा ॥

दो- रावन क्रोध अनल निज
स्वास समीर प्रचंड ।
जरत बिभीषनु राखेउ
दीन्हेउ राजु अखंड ॥ ४९ (क) ॥

jadapi sakhā tava icchā nāhīṃ I
mora darasu amogha jaga māhīṃ II
asa kahi rāma tilaka tehi sārā I
sumana bṛṣṭi nabha bhaī apārā II

do- rāvana krodha anala nija
svāsa samīra pracaṃḍa I
jarata bibhīṣanu rākheu
dīnheu rāju akhaṃḍa II 49 (k) II

মাগা তুরত সিন্ধু কর নীরা ।।
জদপি সখা তব ইচ্ছা নাহীং ।
মোর দরসু অমোঘ জগ মাহীং ।।
অস কহি রাম তিলক তেহি সারা ।
সুমন বৃষ্টি নভ ভঈ অপারা ।।

দো- রাবন ক্রোধ অনল নিজ
স্বাস সমীর প্রচণ্ড ।
জরত বিভীষনু রাখেউ
দীন্হেউ রাজু অখণ্ড ।। ৪৯ (ক) ।।

He said, "Friend, even though you have no desire of your own, but having the vision of Me is not without fruit." Consciousness applied the blessing of a king, and marked his forehead appropriately. Instantly a rain of flowers fell from the heavens.

dohā- Thus did Consciousness save Discrimination from the fire of Ego's anger, fanned by the winds of his words. He also bestowed the entire kingdom. 49 (k)

जो संपति सिव रावनहि
दीन्हि दिएँ दस माथ ।
सोइ संपदा बिभीषनहिं
सकुचि दीन्हि रघुनाथ ॥ ४९ (ख) ॥

jo sampati siva rāvanahi
dīnhi dieṁ dasa mātha |
soi sampadā bibhīṣanahiṃ
sakuci dīnhi raghunātha || 49 (kh) ||

জো সম্পতি সিব রাবনহি
দীন্হি দিএং দস মাথ ।
সোই সম্পদা বিভীষনহিং
সকুচি দীন্হি রঘুনাথ ।। ৪৯ (খ) ।।

अस प्रभु छाडि भजहिं जे आना ।
ते नर पसु बिनु पूँछ बिषाना ॥
निज जन जानि ताहि अपनावा ।
प्रभु सुभाव कपि कुल मन भावा ॥

asa prabhu chāḍi bhajahiṃ je ānā |
te nara pasu binu pūṁcha bisānā ||
nija jana jāni tāhi apanāvā |
prabhu subhāva kapi kula mana bhāvā ||

অস প্রভু ছাড়ি ভজহিং জে আনা ।
তে নর পসু বিনু পূংছ বিষানা ।।
নিজ জন জানি তাহি অপনাবা ।
প্রভু সুভাব কপি কুল মন ভাবা ।।

Whatever wealth was given by Śiva to the One with Ten Heads, when he offered him his ten heads in worship, that same wealth the Lord of Light gave to Discrimination without any hesitation. 49 (kh)

Forsaking such a benevolent merciful Lord, men who worship other values are like an animal with neither horns nor tail. Recognizing Discrimination as his servant, the Lord accepted his own. The family of monkeys highly respected this divine nature.

पुनि सर्बग्य सर्ब उर बासी ।
सर्बरूप सब रहित उदासी ॥
बोले बचन नीति प्रतिपालक ।
कारन मनुज दनुज कुल घालक ॥
सुनु कपीस लंकापति बीरा ।
केहि बिधि तरिअ जलधि गंभीरा ॥
संकुल मकर उरग झष जाती ।
अति अगाध दुस्तर सब भाँती ॥
कह लंकेस सुनहु रघुनायक ।
कोटि सिंधु सोषक तव सायक ॥

puni sarbagya sarba ura bāsī |
sarbarūpa saba rahita udāsī ||
bole bacana nīti pratipālaka |
kārana manuja danuja kula ghālaka ||
sunu kapīsa laṃkāpati bīrā |
kehi bidhi taria jaladhi gaṃbhīrā ||
saṃkula makara uraga jhaṣa jātī |
ati agādha dustara saba bhāṁtī ||
kaha laṃkesa sunahu raghunāyaka |
koṭi siṃdhu soṣaka tava sāyaka ||

পুনি সর্বগ্য সর্ব উর বাসী ।
সর্বরূপ সব রহিত উদাসী ।।
বোলে বচন নীতি প্রতি পালক ।
কারন মনুজ দনুজ কুল ঘালক ।।
সুনু কপীস লংকাপতি বীরা ।
কেহি বিধি তরিঅ জলধি গংভীরা ।।
সংকুল মকর উরগ ঝষ জাতী ।
অতি অগাধ দুস্তর সব ভাংতী ।।
কহ লংকেস সুনহু রঘুনায়ক ।
কোটি সিন্ধু সোষক তব সায়ক ।।

Then the One Who Knows All, the One Who Resides in the Hearts of All, He Who is the Form of All, the Servant of Circumstances, who wears a human form in order to give Grace to devotees, and to destroy the family of demons, in order to protect ethical behavior said these words, "Oh Heroes, Lord of the Monkeys, Lord of the Kingdom of the Ego, listen. How can we cross this immense ocean? It is full of alligators, snakes, fish, and it is very deep, and in every way difficult."

Discrimination replied, "Oh Leader of Light, even though your one arrow can dry up this and millions of other oceans,

जद्यपि तदपि नीति असि गाई ।
बिनय करिअ सागर सन जाई ॥

दो- प्रभु तुम्हार कुलगुर जलधि
कहिहि उपाय बिचारि ।
बिनु प्रयास सागर तरिहि
सकल भालु कपि धारि ॥ ५० ॥

सखा कही तुम्ह नीकि उपाई ।
करिअ दैव जौं होइ सहाई ॥
मंत्र न यह लछिमन मन भावा ।
राम बचन सुनि अति दुख पावा ॥

jadyapi tadapi nīti asi gāī |
binaya karia sāgara sana jāī ||

do- prabhu tumhāra kulagura jaladhi
kahihi upāya bicāri |
binu prayāsa sāgara tarihi
sakala bhālu kapi dhāri || 50 ||

sakhā kahī tumha nīki upāī |
karia daiva jauṃ hoi sahāī ||
maṃtra na yaha lachimana mana bhāvā |
rāma bacana suni ati dukha pāvā ||

জদ্যাপি তদপি নীতি অসি গাঈ ।
বিনয় করিঅ সাগর সন জাঈ ।।

দো- প্রভু তুম্হার কুলগুর জলধি
কহিহি উপায় বিচারি ।
বিনু প্রয়াস সাগর তরিহি
সকল ভালু কপি ধারি ।। ৫০ ।।

সখা কহী তুম্হ নীকি উপাঈ ।
করিঅ দৈব জৌং হোই সহাঈ ।।
মন্ত্র ন য়হ লছিমন মন ভাবা ।

nonetheless ethical behavior suggests that you should ask a way from the Ocean before you employ such a device.

dohā- "Lord, the Ocean is an older relative of your family. He will think over the matter and suggest a way. Then this entire army of bears and monkeys will be able to cross the Ocean without tremendous exertion." 50

Consciousness said, "Friend, you have made an excellent suggestion of a way to our success. If Fate will help us, we will certainly be successful." This idea was not pleasing to Brother Determination, and he felt extreme pain upon hearing the words of Consciousness.

नाथ दैव कर कवन भरोसा ।
सोषिअ सिंधु करिअ मन रोसा ॥
कादर मन कहुँ एक अधारा ।
दैव दैव आलसी पुकारा ॥
सुनत बिहसि बोले रघुबीरा ।
ऐसेहिं करब धरहु मन धीरा ॥
अस कहि प्रभु अनुजहि समुझाई ।
सिंधु समीप गए रघुराई ॥
प्रथम प्रनाम कीन्ह सिरु नाई ।
बैठे पुनि तट दर्भ डसाई ॥

nātha daiva kara kavana bharosā |
soṣia siṃdhu karia mana rosā ||
kādara mana kahum̐ eka adhārā |
daiva daiva ālasī pukārā ||
sunata bihasi bole raghubīrā |
aisehiṃ karaba dharahu mana dhīrā ||
asa kahi prabhu anujahi samujhāī |
siṃdhu samīpa gae raghurāī ||
prathama pranāma kīnha siru nāī |
baiṭhe puni taṭa darbha ḍasāī ||

রাম বচন সুনি অতি দুখ পাবা ।।
নাথ দৈব কর কবন ভরোসা ।
সোষিঅ সিন্ধু করিঅ মন রোসা ।।
কাদর মন কহুং এক অধারা ।
দৈব দৈব আলসী পুকারা ।।
সুনত বিহসি বোলে রঘুবীরা ।
ঐসেহিং করব ধরহু মন ধীরা ।।
অস কহি প্রভু অনুজহি সমুঝাঈ ।
সিন্ধু সমীপ গএ রঘুরাঈ ।।
প্রথম প্রনাম কীন্হ সিরু নাঈ ।
বৈঠে পুনি তট দর্ভ ডসাঈ ।।

He said, "Oh Lord, who has faith in Fate? Why not get angry and dry up the ocean! Only cowards depend upon Fate, and the lazy continually call, 'Fate, Fate!'"

Hearing these words, the Hero of Light laughed and said, "Be patient. We will act accordingly."

Saying this to explain to his younger brother, the Lord went to the shore of the ocean. First he bowed his head in respect, and then sat down on a seat of kuśa grass by the shore.

जबहिं बिभीषन प्रभु पहिं आए ।
पाछें रावन दूत पठाए ॥

jabahiṃ bibhīṣana prabhu pahiṃ āe |
pācheṃ rāvana dūta paṭhāe ||

জবহিং বিভীষন প্রভু পহিং আএ ।
পাছেং রাবন দূত পঠাএ ।।

दो- सकल चरित तिन्ह देखे
धरें कपट कपि देह ।
प्रभु गुन हृदयँ सराहहिं
सरनागत पर नेह ॥ ५१ ॥

do- sakala carita tinha dekhe
dhareṃ kapaṭa kapi deha |
prabhu guna hṛdayaṁ sarāhahiṃ
saranāgata para neha || 51 ||

দো- সকল চরিত তিন্হ দেখে
ধরেং কপর্ট কপি দেহ ।
প্রভু গুন হৃদয়ং সরাহহিং
সরনাগত পর নেহ ।। ৫১ ।।

प्रगट बखानहिं राम सुभाऊ ।
अति सप्रेम गा बिसरि दुराऊ ॥

pragaṭa bakhānahiṃ rāma subhāū |
ati saprema gā bisari durāū ||

প্রগর্ট বখানহিং রাম সুভাউ ।
অতি সপ্রেম গা বিসরি দুরাউ ।।

When Discrimination came to be with the Lord, then Ego sent spies to observe what was taking place.

dohā- Fraudulently wearing the body of a monkey, the spies witnessed the entire drama. In their hearts they stored the qualities of the Lord and his love for someone who had taken refuge with him. 51

Praising with great love the actions of Consciousness, they forgot to maintain their monkey disguises.

रिपु के दूत कपिन्ह तब जाने ।
सकल बाँधि कपीस पहिं आने ॥
कह सुग्रीव सुनहु सब बानर ।
अंग भंग करि पठवहु निसिचर ॥
सुनि सुग्रीव बचन कपि धाए ।
बाँधि कटक चहु पास फिराए ॥
बहु प्रकार मारन कपि लागे ।
दीन पुकारत तदपि न त्यागे ॥
जो हमार हर नासा काना ।
तेहि कोसलाधीस कै आना ॥

ripu ke dūta kapinha taba jāne |
sakala bām̐dhi kapīsa pahiṃ āne ||
kaha sugrīva sunahu saba bānara |
aṃga bhaṃga kari paṭhavahu nisicara ||
suni sugrīva bacana kapi dhāe |
bām̐dhi kaṭaka cahu pāsa phirāe ||
bahu prakāra mārana kapi lāge |
dīna pukārata tadapi na tyāge ||
jo hamāra hara nāsā kānā |
tehi kosalādhīsa kai ānā ||

রিপু কে দূত কপিন্হ তব জানে ।
সকল বাংধি কপীস পহিং আনে ।।
কহ সুগ্রীব সুনহু সব বানর ।
অংগ ভংগ করি পঠবহু নিসিচর ।।
সুনি সুগ্রীব বচন কপি ধাএ ।
বাংধি কটক চহু পাস ফিরাএ ।।
বহু প্রকার মারন কপি লাগে ।
দীন পুকারত তদপি ন ত্যাগে ।।
জো হমার হর নাসা কানা ।
তেহি কোসলাধীস কৈ আনা ।।

Then the monkeys knew that they were spies for the enemy, and taking them prisoner brought them to Excellent Friend. Excellent Friend gave the order, "Monkeys, listen. Breaking their limbs, return them to their king!"

Hearing the orders from their king, the monkeys surrounded the captured spies on all sides. The monkeys began to beat them mercilessly. They began to piteously cry in pain, yet the monkeys did not stop. Then the prisoners cried out, "Whoever would cut our noses and ears, we request the Lord of The Nation of Welfare not to allow it!"

सुनि लछिमन सब निकट बोलाए ।
दया लागि हँसि तुरत छोडाए ॥
रावन कर दीजहु यह पाती ।
लछिमन बचन बाचु कुलघाती ॥

दो- कहेहु मुखागर मूढ सन
मम संदेसु उदार ।
सीता देइ मिलहु न त
आवा कालु तुम्हार ॥ ५२ ॥

suni lachimana saba nikaṭa bolāe |
dayā lāgi haṁsi turata choḍāe ||
rāvana kara dījahu yaha pātī |
lachimana bacana bācu kulaghātī ||

do- kahehu mukhāgara mūḍha sana
mama saṃdesu udāra |
sītā dei milahu na ta
āvā kālu tumhāra || 52 ||

সুনি লছিমন সব নিকর্ট বোলাএ ।
দয়া লাগি হংসি তুরত ছোড়াএ ।।
রাবন কর দীজহু য়হ পাতী ।
লছিমন বচন বাচু কুলঘাতী ।।

দো- কহেহু মুখাগর মূঢ় সন
মম সন্দেসু উদার ।
সীতা দেই মিলহু ন ত
আবা কালু তুম্হার ।। ৫২ ।।

Hearing this, Brother Determination called everyone to come to him. Offering great compassion, he laughed and then immediately had the captives released and said, "Deliver this message to Ego and tell that Traitor to his Family the words of Brother Determination.

dohā- "Tell that fool this beneficial message: return Nature to her union with Consciousness, or the Time of your death has arrived. 52

तुरत नाइ लछिमन पद माथा ।
चले दूत बरनत गुन गाथा ॥
कहत राम जसु लंकाँ आए ।
रावन चरन सीस तिन्ह नाए ॥
बिहसि दसानन पूँछी बाता ।
कहसि न सुक आपनि कुसलाता ॥
पुनि कहु खबरि बिभीषन केरी ।
जाहि मृत्यु आई अति नेरी ॥
करत राज लंका सठ त्यागी ।
होइहि जव कर कीट अभागी ॥

**turata nāi lachimana pada māthā |
cale dūta baranata guna gāthā ||
kahata rāma jasu laṃkāṁ āe |
rāvana carana sīsa tinha nāe ||
bihasi dasānana pūṁchī bātā |
kahasi na suka āpani kusalātā ||
puni kahu khabari bibhīṣana kerī |
jāhi mṛtyu āī ati nerī ||
karata rāja laṃkā saṭha tyāgī |
hoihi java kara kīṭa abhāgī ||**

তুরত নাই লছিমন পদ মাথা ।
চলে দূত বরনত গুন গাথা ।।
কহত রাম জসু লংকা আএ ।
রাবন চরন সীস তিন্হ নাএ ।।
বিহসি দসানন পুংছি বাতা ।
কহসি ন সুক আপনি কুসলাতা ।।
পুনি কহু খবরি বিভীষন কেরী ।
জাহি মৃত্যু আঈ অতি নেরী ।।
করত রাজ লংকা সঠ ত্যাগী ।
হোইহি জব কর কীট অভাগী ।।

Bowing to the feet of Brother Determination, the spies immediately departed, praising the qualities of the Lord. Speaking of the fame of Consciousness they returned to the Kingdom of the Ego, and bowed their heads at the feet of the Ego.

The One with Ten Heads laughed and asked, "Oh Talkative One, you are not well? Then tell me about Discrimination, who just barely escaped from death. What a fool to leave the Kingdom of the Ego! Now that unfortunate one will be crushed like a weevil among grains of barley flour.

पुनि कहु भालु कीस कटकाई।
कठिन काल प्रेरित चलि आई॥
जिन्ह के जीवन कर रखवारा।
भयउ मृदुल चित सिंधु बिचारा॥
कहु तपसिन्ह कै बात बहोरी।
जिन्ह के हृदयँ त्रास अति मोरि॥

दो- की भइ भेंट कि फिरि गए
श्रवन सुजसु सुनि मोर।
कहसि न रिपु दल तेज बल
बहुत चकित चित तोर॥ ५३॥

puni kahu bhālu kīsa kaṭakāī |
kaṭhina kāla prerita cali āī ||
jinha ke jīvana kara rakhavārā |
bhayu mṛdula cita siṃdhu bicārā ||
kahu tapasinha kai bāta bahorī |
jinha ke hṛdayaṁ trāsa ati mori ||

do- kī bhai bheṃṭa ki phiri gae
śravana sujasu suni mora |
kahasi na ripu dala teja bala
bahuta cakita cita tora || 53 ||

পুনি কহু ভালু কীস কটকাঈ ।
কঠিন কাল প্রেরিত চলি আঈ ।।
জিন্হ কে জীবন কর রখবারা ।
ভয়উ মৃদুল চিত সিন্ধু বিচারা ।।
কহু তপসিন্হ কৈ বাত বহোরী ।
জিন্হ কে হৃদয়ং ত্রাস অতি মোরি ।।

দো- কী ভই ভেংট কি ফিরি গএ
শ্রবন সুজসু সুনি মোর ।
কহসি ন রিপু দল তেজ বল
বহুত চকিত চিত তোর ।। ৫৩ ।।

And what is the condition of that army of bears and monkeys, who have come here at the inspiration of their hard times? Their only protection is the ocean with its tender consciousness, or else the demon warriors would have slain them all by now. And what of those ascetics, whose hearts are filled with the greatest fear of me?

dohā- "Were you able to meet with them, or did they run away hearing of my fame? Why don't you speak of the enemy's strength and courage? Your consciousness appears to be totally numb!" 53

नाथ कृपा करि पूँछेहु जैसें ।
मानहु कहा क्रोध तजि तैसें ॥
मिला जाइ जब अनुज तुम्हारा ।
जातहिं राम तिलक तेहि सारा ॥
रावन दूत हमहि सुनि काना ।
कपिन्ह बाँधि दीन्हे दुख नाना ॥
श्रवन नासिका काटैं लागे ।
राम सपथ दीन्हें हम त्यागे ॥
पूँछिहु नाथ राम कटकाई ।
बदन कोटि सत बरनि न जाई ॥

nātha kṛpā kari pūm̐chehu jaiseṃ |
mānahu kahā krodha taji taiseṃ ||
milā jāi jaba anuja tumhārā |
jātahiṃ rāma tilaka tehi sārā ||
rāvana dūta hamahi suni kānā |
kapinha bām̐dhi dīnhe dukha nānā ||
śravana nāsikā kāṭaiṃ lāge |
rāma sapatha dīnheṃ hama tyāge ||
pūm̐chihu nātha rāma kaṭakāī |
badana koṭi sata barani na jāī ||

নাথ কৃপা করি পূংছেহু জৈসেং ।
মানহু কহা ক্রোধ তজি তৈসেং ।।
মিলা জাই জব অনুজ তুম্হারা ।
জাতহিং রাম তিলক তেহি সারা ।।
রাবন দূত হমহি সুনি কানা ।
কপিন্হ বাংধি দীন্হে দুখ নানা ।।
শ্রবন নাসিকা কাটৈং লাগে ।
রাম সপথ দীন্হেং হম ত্যাগে ।।
পূংছিহু নাথ রাম কটকাঈ ।
বদন কোটি সত বরনি ন জাঈ ।।

"Oh Lord, just as you have graciously asked, please cast aside your anger and believe my words. When your younger brother arrived in the presence of Consciousness, then he was given the blessing of the Kingdom. Hearing that we were spies for the Ego, the monkeys captured us and gave us various kinds of pain. Even they were about to cut off our noses and our ears. After requesting them in the name of Consciousness, then they set us free. Lord, you have asked about the army of Consciousness. Uncountable numbers of mouths cannot begin to count or describe their prowess.

नाना बरन भालु कपि धारी ।
बिकटानन बिसाल भयकारी ॥
जेहिं पुर दहेउ हतेउ सुत तोरा ।
सकल कपिन्ह महँ तेहि बलु थोरा ॥
अमित नाम भट कठिन कराला ।
अमित नाग बल बिपुल बिसाला ॥

दो- द्विबिद मयंद नील नल
अंगद गद बिकटासि ।
दधिमुख केहरि निसठ सठ
जामवंत बलरासि ॥ ५४ ॥

nānā barana bhālu kapi dhārī |
bikaṭānana bisāla bhayakārī ||
jehiṃ pura daheu hateu suta torā |
sakala kapinha mahaṁ tehi balu thorā ||
amita nāma bhaṭa kaṭhina karālā |
amita nāga bala bipula bisālā ||

do- dvibida mayaṃda nīla nala
aṃgada gada bikaṭāsi |
dadhimukha kehari nisaṭha saṭha
jāmavaṃta balarāsi || 54 ||

নানা বরন ভাল্লু কপি ধারী ।
বিকটানন বিসাল ভয়কারী ।।
জেহিং পুর দহেউ হতেউ সুত
তোরা ।
সকল কপিন্হ মহং তেহি বল্লু
থোরা ।।
অমিত নাম ভট কঠিন করালা ।
অমিত নাগ বল বিপুল বিসালা ।।

দো- দ্বিবিদ ময়ংদ নীল নল
অংগদ গদ বিকটাসি ।

They are a formidable army of bears and monkeys with huge bodies, extremely fearful. The one who burned the city and killed your son, among the monkeys his strength is not the greatest. There are innumerable names among their warriors who are extremely strong and fearful. They have the strength of innumerable elephants and they are gigantic in size!

dohā- Who Splits into Two, Who is Strong as a Horse, Who is like a Blue Flame (the son of Fire), Who Shines like a Star (the son of Viśvakarma), He Who Subordinates Himself, Who holds a Mace, Who is Unusually Large, Milk Faced (Whose Skin is Soft and Clear), Who Has the Mane of a Lion, Most Excellent, Excellent, Respected Brother of All, they all are repositories of strength. 54

ए कपि सब सुग्रीव समाना ।
इन्ह सम कोटिन्ह गनइ को नाना ॥
राम कृपाँ अतुलित बल तिन्हहीं ।
तृन समान त्रैलोकहि गनहीं ॥
अस मैं सुना श्रवन दसकंधर ।
पदुम अठारह जूथप बंदर ॥
नाथ कटक महँ सो कपि नाहीं ।
जो न तुम्हहि जीतै रन माहीं ॥
परम क्रोध मीजहिं सब हाथा ।
आयसु पै न देहिं रघुनाथा ॥

e kapi saba sugrīva samānā |
inha sama koṭinha ganai ko nānā ||
rāma kṛpām̐ atulita bala tinhahīṃ |
tṛna samāna trailokahi ganahīṃ ||
asa maiṃ sunā śravana dasakaṃdhara |
paduma aṭhāraha jūthapa baṃdara ||
nātha kaṭaka maham̐ so kapi nāhīṃ |
jo na tumhahi jītai rana māhīṃ ||
parama krodha mījahiṃ saba hāthā |
āyasu pai na dehiṃ raghunāthā ||

দধিমুখ কেহরি নিসঠ সঠ
জামবন্ত বলরাসি ।। ৫৪ ।।
এ কপি সব সুগ্রীব সমানা ।
ইন্হ সম কোটিন্হ গনই কো
নানা ।।
রাম কৃপাং অতুলিত বল তিন্হহীং ।
তৃন সমান ত্রৈলোকহি গনহীং ।।
অস মৈং সুনা শ্রবন দসকংধর ।
পদুম অঠারহ জূথপ বংদর ।।
নাথ কটক মহং সো কপি নাহীং ।
জো ন তুম্হহি জীতৈ রন মাহীং ।।
পরম ক্রোধ মীজহিং সব হাথা ।

"All of these monkeys are equal to Excellent Friend, and not just one or two, but millions. Who can dare to count them? By the grace of Consciousness, they have incomparable strength. Before them the three worlds is like a blade of grass! Oh One with Ten Heads, with my own ears I have heard it said that only the commanders of the monkey army number eighteen thousand billion! Oh Lord, in that army there is not one monkey that couldn't defeat you in battle! In great anger they are wringing their hands, but the Lord of Light has not yet given the order to attack.

सोषहिं सिंधु सहित झष ब्याला ।
पूरहिं न त भरि कुधर बिसाला ॥
मर्दि गर्द मिलवहिं दससीसा ।
ऐसेइ बचन कहहिं सब कीसा ॥
गर्जहिं तर्जहिं सहज असंका ।
मानहुँ ग्रसन चहत हहिं लंका ॥

दो- सहज सूर कपि भालु सब
पुनि सिर पर प्रभु राम ।
रावन काल कोटि कहुँ
जीति सकहिं संग्राम ॥ ५५ ॥

soṣahiṃ siṃdhu sahita jhaṣa byālā |
pūrahiṃ na ta bhari kudhara bisālā ||
mardi garda milavahiṃ dasasīsā |
aisei bacana kahahiṃ saba kīsā ||
garjahiṃ tarjahiṃ sahaja asaṃkā |
mānahuṁ grasana cahata hahiṃ laṃkā ||

do- sahaja sūra kapi bhālu saba
puni sira para prabhu rāma |
rāvana kāla koṭi kahuṁ
jīti sakahiṃ saṃgrāma || 55 ||

আয়সু পৈ ন দেহিং রঘুনাথা ।।

সোষহিং সিংধু সহিত ঝষ ব্যালা ।
পূরহিং ন ত ভরি কুধর বিসালা ।।
মর্দি গর্দ মিলবহিং দসসীসা ।
এসেই বচন কহহিং সব কীসা ।।
গর্জহিং তর্জহিং সহজ অসংকা ।
মানহুং গ্রসন চহত হহিং লংকা ।।

দো- সহজ সূর কপি ভালু সব
পুনি সির পর প্রভু রাম ।

They say, 'We shall dry up the entire ocean with its fish and snakes, or if not we shall throw huge mountains into the ocean to fill up our path. And the One with Ten Heads we shall throw to the ground where he will mingle with the dust!' In this way all the monkeys are talking, roaring and boasting of their desire to consume all of the Kingdom of the Ego.

dohā- "All of the bears and monkeys are naturally warriors, and at their head is the Lord of Consciousness. Oh Ego, they can defeat millions of Gods of Death in battle. 55

राम तेज बल बुधि बिपुलाई ।
सेष सहस सत सकहिं न गाई ॥
सक सर एक सोषि सत सागर ।
तव भ्रातहि पूँछेउ नय नागर ॥
तासु बचन सुनि सागर पाहीं ।
मागत पंथ कृपा मन माहीं ॥
सुनत बचन बिहसा दससीसा ।
जौं असि मति सहाय कृत कीसा ॥
सहज भीरु कर बचन दृढाई ।
सागर सन ठानी मचलाई ॥

rāma teja bala budhi bipulāī |
seṣa sahasa sata sakahiṃ na gāī ||
saka sara eka soṣi sata sāgara |
tava bhrātahi pūm̐cheu naya nāgara ||
tāsu bacana suni sāgara pāhīṃ |
māgata paṃtha kṛpā mana māhīṃ ||
sunata bacana bihasā dasasīsā |
jauṃ asi mati sahāya kṛta kīsā ||
sahaja bhīru kara bacana dṛḍhāī |
sāgara sana ṭhānī macalāī ||

রাবন কাল কোটি কহুং
জীতি সকহিং সংগ্রাম ।। ৫৫ ।।
রাম তেজ বল বুধি বিপুলাঈ ।
সেষ সহস সত সকহিং ন গাঈ ।।
সক সর এক সোষি সত সাগর ।
তব ভ্রাতহি পুংছেউ নয় নাগর ।।
তাসু বচন সুনি সাগর পাহীং ।
মাগত পংথ কৃপা মন মাহীং ।।
সুনত বচন বিহসা দসসীসা ।
জৌং অসি মতি সহায় কৃত কীসা ।।

"The courage, strength, intelligence of Consciousness, hundreds and thousands of The Ultimate (the snake upon which Viṣṇu rests) cannot describe. With one arrow he could dry up thousands of oceans, but in order to protect ethical behavior, he asked your brother of a way to cross the Ocean. Hearing your brother's words, he sat beside the Ocean to ask for the grace to show him a path."

Hearing these words, the One with Ten Heads laughed loudly. "Because he has such intelligence as this, he is worthy to be helped by monkeys!" he exclaimed in derision. "At the advice of my cowardly brother, he is consistently demanding the impossible like a stubborn child!

मूढ मृषा का करसि बढाई ।
रिपु बल बुद्धि थाह मैं पाई ॥
सचिव सभीत बिभीषन जाकें ।
बिजय बिभूति कहाँ जग ताकें ॥
सुनि खल बचन दूत रिस बाढी ।
समय बिचारि पत्रिका काढी ॥
रामानुज दीन्ही यह पाती ।
नाथ बचाइ जुडावहु छाती ॥
बिहसि बाम कर लीन्ही रावन ।
सचिव बोलि सठ लाग बचावन ॥

mūḍha mṛṣā kā karasi baḍhāī |
ripu bala buddhi thāha maiṃ pāī ||
saciva sabhīta bibhīṣana jākeṃ |
bijaya bibhūti kahām̐ jaga tākeṃ ||
suni khala bacana dūta risa bāḍhī |
samaya bicāri patrikā kāḍhī ||
rāmānuja dīnhī yaha pātī |
nātha bacāi juḍāvahu chātī ||
bihasi bāma kara līnhī rāvana |
saciva boli saṭha lāga bacāvana ||

সহজ ভীরু কর বচন দৃঢ়াঈ ।
সাগর সন ঠানী মচলাঈ ।।
মূঢ় মৃষা কা করসি বড়াঈ ।
রিপু বল বুদ্ধি থাহ মৈং পাঈ ।।
সচিব সভীত বিভীষন জাকেং ।
বিজয় বিভূতি কহাং জগ
তাকেং ।।
সুনি খল বচন দূত রিস বাঢ়ী ।
সময় বিচারি পত্রিকা কাঢ়ী ।।
রামানুজ দীন্হী য়হ পাতী ।
নাথ বচাই জুড়াবহু ছাতী ।।

Why are you proclaiming his false greatness? Enough! I have understood this enemy's strength and intelligence! Who has a cowardly advisor like Discrimination, how can he have victory or sovereignty in this world?"

Hearing these words from Ego, it was difficult for the spy to conceal his anger. Understanding it to be the appropriate time, he took out the message from Brother Determination and said, "The younger brother of Consciousness has sent this message. Please control your anger and have it read." Taking the letter in his left hand, Ego laughed, and calling one minister had him read what the fool has said.

दो- बातन्ह मनहि रिझाइ सठ
जनि घालसि कुल खीस ।
राम बिरोध न उबरसि
सरन बिष्नु अज ईस ॥ ५६ (क) ॥

की तजि मान अनुज इव
प्रभु पद पंकज भृंग ।
होहि कि राम सरानल
खल कुल सहित पतंग ॥ ५६ (ख) ॥

do- bātanha manahi rijhāi saṭha
jani ghālasi kula khīsa |
rāma birodha na ubarasi
sarana biṣnu aja īsa || 56 (k) ||

kī taji māna anuja iva
prabhu pada paṃkaja bhṛṃga |
hohi ki rāma sarānala
khala kula sahita
pataṃga || 56 (kh) ||

বিহসি বাম কর লীন্হী রাবন ।
সচিব বোলি সঠ লাগ বচাবন ।।
দো- বাতন্হ মনহি রিঝাই সঠ
জনি ঘালসি কুল খীস ।
রাম বিরোধ ন উবরসি
সরন বিষ্নু অজ
ইস ।। ৫৬ (ক) ।।

কী তজি মান অনুজ ইব
প্রভু পদ পংকজ ভৃংগ ।
হোহি কি রাম সরানল
খল কুল সহিত

dohā- "Hey you fool, while you are appeasing your mind with your flattering words, do not destroy your family. In opposition to Consciousness, not even Creative Consciousness, The Consciousness which Pervades All, nor The Consciousness of Infinite Goodness, Brahmā, Viṣṇu, nor Śiva will be able to help you. 56 (k)

"Leaving your egotism, come like your younger brother and surrender like a bee to the lotus feet of the Lord, or perish along with your family like a moth in the fire of the arrows of Consciousness. 56 (kh)

सुनत सभय मन मुख मुसुकाई ।
कहत दसानन सबहि सुनाई ॥
भूमि परा कर गहत अकासा ।
लघु तापस कर बाग बिलासा ॥
कह सुक नाथ सत्य सब बानी ।
समुझहु छाडि प्रकृति अभिमानी ॥
सुनहु बचन मम परिहरि क्रोधा ।
नाथ राम सन तजहु बिरोधा ॥
अति कोमल रघुबीर सुभाऊ ।
जद्यपि अखिल लोक कर राऊ ॥

sunata sabhaya mana mukha musukāī |
kahata dasānana sabhai sunāī ||
bhūmi parā kara gahata akāsā |
laghu tāpasa kara bāga bilāsā ||
kaha suka nātha satya saba bānī |
samujhahu chāḍi prakṛti abhimānī ||
sunahu bacana mama parihari krodhā |
nātha rāma sana tajahu birodhā ||
ati komala raghubīra subhāū |
jadyapi akhila loka kara rāū ||

পতংগ ।। ৫৬ (খ) ।।

সুনত সভয় মন মুখ মুসুকাঈ ।
কহত দসানন সবহি সুনাঈ ।।
ভূমি পরা কর গহত অকাসা ।
লঘু তাপস কর বাগ বিলাসা ।।
কহ সুক নাথ সত্য সব বানী ।
সমুঝহু ছাড়ি প্রকৃতি অভিমানী ।।
সুনহু বচন মম পরিহরি ক্রোধা ।
নাথ রাম সন তজহু বিরোধা ।।
অতি কোমল রঘুবীর সুভাউ ।

Hearing the contents of the message, the One with Ten Heads became afraid, but outside he showed a smile and said, "Just like someone standing on the earth with outstretched hands trying to grasp the sky, this younger ascetic is shouting to the winds."

Talkative One, the spy, said, "Oh Lord, please leave your egotism and understand that the words of this message are true. Please leave your anger and listen to my words. Oh Lord, renounce this enmity with Consciousness. The Hero of Light is extremely gentle, even though he is the King of all the worlds.

मिलत कृपा तुम्ह पर प्रभु करिही ।
उर अपराध न एकउ धरिही ॥
जनकसुता रघुनाथहि दीजे ।
एतना कहा मोर प्रभु कीजे ॥
जब तेहिं कहा देन बैदेही ।
चरन प्रहार कीन्ह सठ तेही ॥
नाइ चरन सिरु चला सो तहाँ ।
कृपासिंधु रघुनायक जहाँ ॥
करि प्रनामु निज कथा सुनाई ।
राम कृपाँ आपनि गति पाई ॥

milata kṛpā tumha para prabhu karihī |
ura aparādha na ekau dharihī ||
janakasutā raghunāthahi dīje |
etanā kahā mora prabhu kīje ||
jaba tehiṃ kahā dena baidehī |
carana prahāra kīnha saṭha tehī ||
nāi carana siru calā so tahā̃ |
kṛpāsiṃdhu raghunāyaka jahā̃ ||
kari pranāmu nija kathā sunāī |
rāma kṛpā̃ āpani gati pāī ||

জদ্যপি অখিল লোক কর রাঊ
।।

মিলত কৃপা তুম্হ পর প্রভু
করিহী ।
উর অপরাধ ন একউ ধরিহী ।।
জনকসুতা রঘুনাথহি দীজে ।
এতনা কহা মোর প্রভু কীজে ।।
জব তেহিং কহা দেন বৈদেহী ।
চরন প্রহার কীন্হ সঠ তেহী ।।
নাই চরন সিরু চলা সো তহাং ।

Meeting him, he will certainly bestow his grace upon you, and will not hold you guilty of any offense. Return to him the Daughter of The Cause. Please just do this much for me."

When the spy mentioned his request to return the Daughter of the One without a Body, then the evil Ego kicked the fool with his foot. He also bowed his head to Ego's feet, and departed to where the Ocean of Grace, the Leader of Light was situated. He bowed with respect and told his story, and with the Grace of Consciousness he became a sādhu in order to attain his supreme goal.

रिषि अगस्ति कीं साप भवानी ।
राछस भयउ रहा मुनि ग्यानि ॥
बंदि राम पद बारहिं बारा ।
मुनि निज आश्रम कहुँ पगु धारा ॥

दो- बिनय न मानत जलधि जड
गए तीनि दिन बीति ।
बोले राम सकोप तब
भय बिनु होइ न प्रीति ॥ ५७ ॥

लछिमन बान सरासन आनू ।
सोषौं बारिधि बिसिख कृसानू ॥

riṣi agasti kīṃ sāpa bhavānī |
rāchasa bhayau rahā muni gyāni ||
baṃdi rāma pada bārahiṃ bārā |
muni nija āśrama kahuṁ pagu dhārā ||

do- binaya na mānata jaladhi jaḍa
gae tīni dina bīti |
bole rāma sakopa taba
bhaya binu hoi na prīti || 57 ||

lachimana bāna sarāsana ānū |
soṣauṃ bāridhi bisikha kṛsānū ||

কৃপাসিন্ধু রঘুনায়ক জহাং ।।
করি প্রনামু নিজ কথা সুনাঈ ।
রাম কৃপা আপনি গতি পাঈ ।।
রিষি অগস্তি কীং সাপ ভবানী ।
রাছস ভয়উ রহা মুনি জ্ঞানি ।।
বন্দি রাম পদ বারহিং বারা ।
মুনি নিজ আশ্রম কহুং পগু ধারা ।।

দো- বিনয় ন মানত জলধি জড়
গএ তীনি দিন বীতি ।
বোলে রাম সকোপ তব

Śiva said, "Oh Divine Mother, he had been a wise knower of divinity, but because of the curse of Ṛṣi Agastya, he was turned into a demon."

Again and again the sādhu bowed to the feet of Consciousness, and then he went away to return to his own āśrama.

dohā- Here three days had passed, but the inert Ocean did not heed to humility. Then Consciousness proclaimed with anger, "Without fear, love cannot manifest. 57

"Brother Determination, bring my bow and arrows. I shall dry up this Ocean with an arrow of Fire!

सठ सन बिनय कुटिल तन प्रीती ।
सहज कृपन सन सुंदर नीती ॥
ममता रत सन ग्यान कहानी ।
अति लोभी सन बिरति बखानी ॥
क्रोधिहि सम कामिहि हरि कथा ।
ऊसर बीज बएँ फल जथा ॥
अस कहि रघुपति चाप चढावा ।
यह मत लछिमन के मन भावा ॥
संधानेउ प्रभु बिसिख कराला ।
उठी उदधि उर अंतर ज्वाला ॥

saṭha sana binaya kuṭila tana prītī |
sahaja kṛpana sana suṃdara nītī ||
mamatā rata sana gyāna kahānī |
ati lobhī sana birati bakhānī ||
krodhihi sama kāmihi hari kathā |
ūsara bīja baeṁ phala jathā ||
asa kahi raghupati cāpa caḍhāvā |
yaha mata lachimana ke mana bhāvā ||
saṃdhāneu prabhu bisikha karālā |
uṭhī udadhi ura aṃtara jvālā ||

ভয় বিনু হোই ন প্রীতি ।। ৫৭ ।।

লছিমন বান সরাসন আনু ।
সোষৌং বারিধি বিসিখ কৃসানু ।।
সঠ সন বিনয় কুটিল তন প্রীতী ।
সহজ কৃপন সন সুন্দর নীতী ।।
মমতা রত সন জ্ঞান কহানী ।
অতি লোভী সন বিরতি বখানী ।।
ক্রোধিহি সম কামিহি হরি কথা ।
ঊসর বীজ বএং ফল জথা ।।
অস কহি রঘপতি চাপ চঢ়াবা ।
য়হ মত লছিমন কে মন ভাবা ।।

Humility before a fool, love before the cunning, generous instruction before a miser; words of wisdom before a man bound by attachment, describing non-attachment before the greedy, talk of peace before an angry person, and the word of God before one filled with desire, are as inappropriate as sowing seeds in barren land - without fruit." When he said that, the Lord of Light raised his bow. Brother Determination was extremely pleased with this course of action. The Lord mounted the fearful arrow of Fire in his bow, causing a burning fire in the heart of the Ocean.

मकर उरग झष गन अकुलाने ।
जरत जंतु जलनिधि जब जाने ॥
कनक थार भरि मनि गन नाना ।
बिप्र रूप आयउ तजि माना ॥

दो- काटेहिं पइ कदरी फरइ
कोटि जतन कोउ सींच ।
बिनय न मान खगेस सुनु
डाटेहिं पइ नव नीच ॥ ५८ ॥

makara uraga jhaṣa gana akulāne |
jarata jaṃtu jalanidhi jaba jāne ||
kanaka thāra bhari mani gana nānā |
bipra rūpa āyau taji mānā ||

do- kāṭehiṃ pai kadarī pharai
koṭi jatana kou sīṃca |
binaya na māna khagesa sunu
ḍāṭehiṃ pai nava nīca || 58 ||

সংধানেউ প্রভু বিসিখ করালা ।
উঠী উদধি উর অন্তর জ্বালা ।।

মকর উরগ ঝষ গন অকুলানে ।
জরত জন্তু জলনিধি জব জানে ।।
কনক থার ভরি মনি গন নানা ।
বিপ্র রূপ আয়উ তজি মানা ।।

দো- কাটেহিং পই কদরী ফরই

Alligators, snakes and fish and other ocean animals became severely distressed. When the animals of the ocean began to burn, the Lord of the Ocean left his pride and assumed the form of a twice-born learned man, bearing a golden platter filled with gems and jewels.

dohā- The respected crow Bhuśuṇḍi said, "Oh Garuḍajī, King of Birds, listen. No matter how much water you give to a banana plant, it will not bear fruit until it is cut. The lowly do not heed to requests humbly offered. They only respond when threatened. 58

सभय सिंधु गहि पद प्रभु केरे ।
छमहु नाथ सब अवगुन मेरे ॥
गगन समीर अनल जल धरनी ।
इन्ह कइ नाथ सहज जड करनी ॥
तव प्रेरित मायाँ उपजाए ।
सृष्टि हेतु सब ग्रंथनि गाए ॥
प्रभु आयसु जेहि कहँ जस अहई ।
सो तेहि भाँति रहें सुख लहई ॥
प्रभु भल कीन्ह मोहि सिख दीन्ही ।
मरजादा पुनि तुम्हरी कीन्ही ॥

sabhaya simdhu gahi pada prabhu kere |
chamahu nātha saba avaguna mere ||
gagana samīra anala jala dharanī |
inha kai nātha sahaja jaḍa karanī ||
tava prerita māyāṁ upajāe |
sṛṣṭi hetu saba gramthani gāe ||
prabhu āyasu jehi kahaṁ jasa ahaī |
so tehi bhāṁti rahem sukha lahaī ||
prabhu bhala kīnha mohi sikha dīnhī |
marajādā puni tumharī kīnhī ||

কোর্টি জতন কোউ সীংচ ।
বিনয় ন মান খগেস সুন্ন
ডার্টেহিং পই নব নীচ ।। ৫৮ ।।

সভয় সিন্ধু গহি পদ প্রভু কেরে ।
ছমহু নাথ সব অবগুন মেরে ।।
গগন সমীর অনল জল ধরনী ।
ইন্হ কই নাথ সহজ জড় করনী ।।
তব প্রেরিত মায়াং উপজাএ ।
সৃষ্টি হেতু সব গ্রংথনি গাএ ।।
প্রভু আয়সু জেহি কহং জস অহঈ ।
সো তেহি ভাংতি রহে সুখ

Ocean was filled with fear and he grasped the feet of the Lord. "Please forgive me for all of my faults. Lord, ether, wind, fire, water, earth are all by nature inert. From your inspiration Māyā has given birth to these elements so that creation can take place. So it is said in all of the scriptures. In what ever way the Lord has proclaimed, living in that way brings peace to an individual. The Lord has done well to give me this teaching, but you also are responsible for setting the boundaries of appropriate conduct.

ढोल गवाँर सूद्र पसु नारी ।
सकल ताडना के अधिकारी ॥
प्रभु प्रताप मैं जाब सुखाई ।
उतरिहि कटकु न मोरि बडाई ॥
प्रभु अग्या अपेल श्रुति गाई ।
करौं सो बेगि जो तुम्हहि सोहाई ॥

दो- सुनत बिनीत बचन अति
कह कृपाल मुसुकाइ ।
जेहि बिधि उतरै कपि कटकु
तात सो कहहु उपाइ ॥ ५९ ॥

ḍhola gavāṁra sūdra pasu nārī |
sakala tāḍanā ke adhikārī ||
prabhu pratāpa maiṃ jāba sukhāī |
utarihi kaṭaku na mori baḍāī ||
prabhu agyā apela śruti gāī |
karauṃ so begi jo tumhahi sohāī ||

do- sunata binīta bacana ati
kaha kṛpāla musukāi |
jehi bidhi utarai kapi kaṭaku
tāta so kahahu upāi || 59 ||

লহঈ ।।
প্রভু ভল কীন্হ মোহি সিখ দীন্হী ।
মরজাদা পুনি তুম্হরী কীন্হী ।।

ঢোল গবাংর সুদ্র পসু নারী ।
সকল তাড়না কে অধিকারী ।।
প্রভু প্রতাপ মৈং জাব সুখাঈ ।
উতরিহি কটকু ন মোরি বড়াঈ ।।
প্রভু অগ্যা অপেল শ্রুতি গাঈ ।
করৌং সো বেগি জো তুম্হহি
সোহাঈ ।।

A drum, a cow, a low class person, an animal and a woman are all authorized to make noise. By the prowess of the Lord I will certainly dry up, and your army can march over my sands, but the definition of my function in creation will no longer remain. But no one can disobey your orders, if that is what you choose. Now whatever you think is appropriate, that is what I shall do."

dohā- Hearing the sound reasoning of the Ocean's words, the Giver of Grace smiled and said, "Oh Dear One, tell us by which way the monkey army can cross." 59

नाथ नील नल कपि द्वौ भाई ।
लरिकाईं रिषि आसिष पाई ॥
तिन्ह कें परस किएँ गिरि भारे ।
तरिहहिं जलधि प्रताप तुम्हारे ॥
मैं पुनि उर धरि प्रभु प्रभुताई ।
करिहउँ बल अनुमान सहाई ॥
एहि बिधि नाथ पयोधि बँधाइअ ।
जेहिं यह सुजसु लोक तिहुँ गाइअ ॥
एहिं सर मम उत्तर तट बासी ।
हतहु नाथ खल नर अघ रासी ॥

nātha nīla nala kapi dvau bhāī |
larikāīṃ riṣi āsiṣa pāī ||
tinha keṃ parasa kieṁ giri bhāre |
tarihahiṃ jaladhi pratāpa tumhāre ||
maiṃ puni ura dhari prabhu prabhutāī |
karihuṁ bala anumāna sahāī ||
ehi bidhi nātha payodhi baṁdhāia |
jehiṃ yaha sujasu loka tihuṁ gāia ||
ehiṃ sara mama uttara taṭa bāsī |
hatahu nātha khala nara agha rāsī ||

দো- সুনত বিনীত বচন অতি
কহ কৃপাল মুসুকাই ।
জেহি বিধি উতরৈ কপি কটকু
তাত সো কহহু উপাই ।। ৫৯ ।।
নাথ নীল নল কপি দ্বৌ ভাঈ ।
লরিকাঈং রিষি আসিষ পাঈ ।।
তিন্হ কেং পরস কিএং গিরি
ভারে ।
তরিহহিং জলধি প্রতাপ তুম্হারে ।।
মৈং পুনি উর ধরি প্রভু প্রভুতাঈ ।
করিহউং বল অনুমান সহাঈ ।।
এহি বিধি নাথ পয়োধি বংধাইঅ ।

The Ocean said, "Oh Lord, Who is like a Blue Flame (the son of Fire) and Who Shines like a Star (the son of Viśvakarma) are two brothers of the monkey army. They received a blessing in their childhood from a ṛṣi. By your prowess, whatever they touch, even huge mountains, will float on top of the water. Keeping your Lordship in my heart, I, too, will help so far as I am able. In this way you will make a bridge, and the three worlds will sing the saga of your glory. With this arrow please destroy the evil beings that reside on my northern shores."

सुनि कृपाल सागर मन पीरा ।
तुरतहिं हरी राम रनधीरा ॥
देखि राम बल पौरुष भारी ।
हरषि पयोनिधि भयउ सुखारी ॥
सकल चरित कहि प्रभुहि सुनावा ।
चरन बंदि पाथोधि सिधावा ॥

छं- निज भवन गवनेउ सिंधु श्री-
रघुपतिहि यह मत भायऊ ।
यह चरित कलि मलहर जथामति
दास तुलसी गायऊ ॥

suni kṛpāla sāgara mana pīrā |
turatahiṃ harī rāma ranadhīrā ||
dekhi rāma bala pauruṣa bhārī |
harași payonidhi bhayu sukhārī ||
sakala carita kahi prabhuhi sunāvā |
carana baṃdi pāthodhi sidhāvā ||

chaṃ- nija bhavana gavaneu siṃdhu śrī-
raghupatihi yaha mata bhāyaū |
yaha carita kali malahara jathāmati
dāsa tulasī gāyaū ||

জেহি য়হ সুজসু লোক তিহুং
গাইঅ ।।
এহিং সর মম উত্তর তট বাসী ।
হতহু নাথ খল নর অঘ রাসী ।।
সুনি কৃপাল সাগর মন পীরা ।
তুরতহিং হরী রাম রনধীরা ।।
দেখি রাম বল পৌরুষ ভারী ।
হরষি পয়োনিধি ভয়উ সুখারী ।।
সকল চরিত কহি প্রভুহি সুনাবা ।
চরন বংদি পাথোধি সিধাবা ।।

ছং- নিজ ভবন গবনেউ সিন্দু শ্রী-

The Lord listened to the agony in the mind of the Ocean, and he immediately fired his arrow to destroy the evil doers. Seeing the strength and valor of Consciousness, Ocean was extremely delighted. He told the Lord the entire story of those evil beings, and bowing to the lotus feet of the Lord, he departed.

chaṃda- The Ocean returned to his own home, while the Lord of Light accepted his opinion. This episode removes the sins from the Age of Darkness, Kali Yuga, and that is why Tulasīdāsa has sung it according to his knowledge.

सुख भवन संसय समन दवन
बिषाद रघुपति गुन गना ।
तजि सकल आस भरोस गावहि
सुनहि संतत सठ मना ॥

sukha bhavana saṃsaya samana davana
biṣāda raghupati guna ganā |
taji sakala āsa bharosa gāvahi
sunahi saṃtata saṭha manā ||

রঘুপতিহি য়হ মত ভায়উ ।
য়হ চরিত কলি মলহর জথামতি
দাস তুলসি গায়উ ।।

সুখ ভবন সংসয় সমন দবন
বিষাদ রঘুপতি গুন গনা ।
তজি সকল আস ভরোস গাবহি
সুনহি সংতত সঠ মনা ।।

दो- सकल सुमंगल दायक
रघुनायक गुन गान ।
सादर सुनहिं ते तरहिं भव
सिंधु बिना जल जान ॥ ६० ॥

do- sakala sumaṃgala dāyaka
raghunāyaka guna gāna |
sādara sunahiṃ te tarahiṃ bhava
siṃdhu binā jala jāna || 60 ||

দো- সকল সুমংগল দায়ক

The Lord of Light is the Repository of all Qualities which lead to Happiness, the Destroyer of all Doubts, and the Remover of all Sorrow. Oh Foolish Mind! Leave all the vain hopes and false desires of this world of objects and relationships, and always sing and listen to the word of God.

dohā- The song of the qualities of the Leader of Light is always beautiful and bestows all welfare. Who will listen to this with respectful attention, will cross this ocean of world without any other spiritual discipline. 60

इति श्रीमद्रामचरितमानसे
सकलकलिकलुषविध्वंसने
पञ्चमः सोपानः समाप्तः ॥
सुन्दरकाण्ड समाप्त
ॐ

**iti śrimadrāmacaritamānase
sakalakalikaluṣavidhvaṃsane
pañcamaḥ sopānaḥ samāptaḥ ||
sundara kāṇḍa samāpta
oṃ**

রঘুনায়ক গুন গান ।
সাদর সুনহিং তে তরহিং ভব
সিন্ধু বিনা জল জান ।। ৬০ ।।

ইতি শ্রীমদ্রামচরিতমানসে
সকলকলিকলুষবিধ্বংসনে
পঞ্চমঃ সোপানঃ সমাপ্তঃ ।।
সুন্দরকাণ্ড সমাপ্ত
ওঁ

Thus ends the Fifth Part of the
Respected Rāmacaritamānasa which destroys
all of the Darkness of the Age of Darkness.
Thus ends the Sundar Kāṇḍa
Oṃ

Rāmāyana Samputs

जय जगदीश हरे
हरि ॐ नमः शिवाय
बंदउं नाम राम रघुवर को ।
बंदउं नाम राम रघुवर को
राम नमामि नमामि नमामि
रघुपति राघव राजाराम ।
पतित पावन सीताराम
राम लक्ष्मण जानकी ।
जय बोलो हनुमानकी
जय सङ्कर कैलासपति ।
जय गौरि माँ पार्वती

Rāmāyana Samputs

jaya jagadīśa hare
hari oṃ namaḥ śivāya
baṃdauṃ nāma rāma
raghuvara ko |
baṃdauṃ nāma rāma
raghuvara ko
rāma namāmi namāmi namāmi
raghupati rāghava rājārāma |
patita pāvana sītārāma
rāma lakṣmaṇa jānakī |
jaya bolo hanumānakī
jaya saṅkara kailāspati |
jaya gauri māṁ pārvatī

Rāmāyana Samputs

জয় জগদীশ হরে
হরি ওঁ নমঃ শিবায়
বংদউং নাম রাম রঘুবর কো ।
বংদউং নাম রাম রঘুবর কো
রাম নমামি নমামি নমামি
রঘুপতি রাঘব রাজারাম ।
পতিত পাবন সীতারাম
রাম লক্ষ্মণ জানকী ।
জয় বোলো হনুমানকী
জয় সংকর কৈলাসপতি ।
জয় গৌরি মাঁ পার্বতী

Victory to Hari, Lord of the Perceivable Universe. Hari, I bow to Śiva. Praise the name of Rāma, of the family of Light. Praise the name of Rāma, of the family of Light. We are bowing to Rāma, we are bowing, we are bowing. Rāma is the King of the Family of Light. Along with Sītā he raises the lowly. Rāma, Lakṣmaṇa and Sītā, proclaim victory to Hanumāna. Victory to Śiva, the Lord of Kailāsa. Victory to the Divine Mother, Gauri and Pārvatī.

श्री राम जय राम जय जय राम
राम राम भजो सीया राम भजो
सीया राम
जय जय जय हनुमान गौंसाइ ।
कृपा करहु गुरुदेव की नाई
राम रसायण तुमहरे पासा ।
सदा रहो रघुपति के दासा
जय रघुनंदन जनक किशोरी ।
सीयाराम मनोहर जोडी
मङ्गल भवन अमङ्गल हारी ।
द्रवौ सो दसरथ अजिर बिहारी

śrī rāma jaya rāma jaya jaya rāma
rāma rāma bhajo sīyā rāma bhajo sīyā rāma
jaya jaya jaya hanumāna gauṃsāi |
kṛpā karahu gurudeva kī nāī
rāma rasāyaṇa tumhare pāsā |
sadā raho raghupati ke dāsā
jaya raghunaṃdana janaka kiśorī |
sīyārāma manohara joḍī
maṅgala bhavana amaṅgala hārī |
dravau so dasaratha ajira bihārī

শ্রী রাম জয় রাম জয় জয় রাম
রাম রাম ভজো সীয়া রাম ভজো
সীয়া রাম
জয় জয় জয় হনুমান গৌংসাই ।
কৃপা করহু গুরুদেব কী নাঈ
রাম রসায়ণ তুমহরে পাসা ।
সদা রহো রঘুপতি কে দাসা
জয় রঘুনংদন জনক কিশোরী ।
সীয়ারাম মনোহর জোডী
মঙ্গল ভবন অমঙ্গল হারী ।
দ্রবৌ সো দসরথ অজির বিহারী

Respect to Rāma, victory to Rāma, victory, victory to Rāma. Celebrate Rāma, celebrate Sītā, celebrate Sītā and Rāma. Victory, victory, victory to the illuminated Hanumāna. Give us your grace, oh divine Guru. The nectar of the immortal bliss of Rāma will always be with you, and you will always remain the servant of God. Victory to the Bliss of the Family of Light, He who sustains the Daughter of the Cause. Sītā and Rāma are the most beautiful couple. They are the exisitence of welfare and take away all that is inauspicious, the sons of Dasaratha cause the rapid flow of supreme delight.

पतीत जनोको करो पूनिता ।
हे राम सीता हे राम सीता
विश्वानाथ मम नाथ पुरारि ।
त्रिभुवण महिमा विदित तुम्हारि
जय सीयाराम जय सीयाराम ।
जय रघुनन्दन जय सीयाराम
हरि अनन्त हरि कथा अनन्त ।
कहए सुनए बहुत विद्धि सब सान्त
राम सियाराम सियाराम जय जय
राम
नान्ना बान्ति राम अवातार ।
रामायन शत कोटि अपार

patīta janoko karo pūnitā |
he rāma sītā he rāma sītā
viśvānātha mama nātha purāri |
tribhuvaṇa mahimā vidita tumhāri
jaya sīyārāma jaya sīyārāma |
jaya raghunandana jaya sīyārāma
hari ananta hari kathā ananta |
khae sunae bahuta viddhi saba sānta
rāma siyārāma siyārāma jaya jaya rāma
nānnā bānti rāma avātāra |
rāmāyana śata koṭi apāra

পতীত জনোকো করো পূনিতা ।
হে রাম সীতা হে রাম সীতা
বিশ্বানাথ মম নাথ পুরারি ।
ত্রিভুবণ মহিমা বিদিত তুম্হারি
জয় সীয়ারাম জয় সীয়ারাম ।
জয় রঘুনন্দন জয় সীয়ারাম
হরি অনন্ত হরি কথা অনন্ত ।
কহএ সুনএ বহুত বিদ্ধি সব সান্ত
রাম সিয়ারাম সিয়ারাম জয় জয়
রাম
নান্না বান্তি রাম অবাতার ।
রামায়ন শত কোটি অপার

Give grace to the lowly beings, oh Rāma and Sītā, oh Rāma and Sītā. The Lord of the universe is my Lord Śiva. Who knows you is great in the three worlds. Victory to Sītā and Rāma! Victory to Sītā and Rāma! Victory to the son of the Family of Light! Victory to Sītā and Rāma! God is infinite and the stories about God are infinite, spoken and heard in many ways by all the Saints. Rāma and Sītā, Sītā and Rāma, victory! Various are the incarnations of God. The story of Rāma has no limit or end.

राम स्तुति	**Rāma Stuti**	রাম স্তুতি
श्रीरामचन्द्र कृपालु भजु मन हरण भवभय दारुणं नवकञ्जलोचन कञ्जमुख कर कञ्ज पद कञ्जारुणं	**śrīrāmacandra kṛpālu bhaju mana haraṇa bhavabhaya dāruṇaṃ navakañjalocana kañjamukha kara kañja pada kañjāruṇaṃ**	শ্রীরামচন্দ্র কৃপালু ভজু মন হরণ ভবভয় দারুণং নবকংজলোচন কংজমুখ কর কংজ পদ কংজারুণং
कंदर्प अगनित अमित छवि नव नील नीरद सुन्दरं पट पीत मानहु तडित रुचि शुचि नौमि जनक सुतावरं	**kaṃdarpa aganita amita chavi nava nīla nīrada sundaraṃ paṭa pīta mānahu taḍita ruci śuci naumi janaka sutāvaraṃ**	কংদর্প অগনিত অমিত ছবি নব নীল নীরদ সুন্দরং পট পীত মানহু তডিত রুচি শুচি নৌমি জনক সুতাবরং

Oh Mind, worship the Respected Moon of Consciousness, the Giver of Grace, who takes away the greatest fears of existence. He has eyes like a new lotus flower, and a lotus-like face, and lotus-like hands and feet.

His incomparable countenance is like uncountable Gods of Love, with beauty like a newly born blue cloud. I bow to you, to the husband of the Daughter of the Cause, who wears a yellow cloth like lightning, and enjoys purity.

भजु दीनबन्धु दिनेश दानव
दैत्य वंश निकन्दनं
रघुनन्द आनन्दकन्द कोशल
चन्द दशरथ नन्दनं

bhaju dīnabandhu dineśa dānava
daitya vaṃśa nikandanaṃ
raghunanda ānandakanda kośala
canda daśaratha nandanaṃ

ভজু দীনবন্ধু দিনেশ দানব
দৈত্ত্য বংশ নিকন্দনং
রঘুনন্দ আনন্দকন্দ কোশল
চন্দ দশরথ নন্দনং

सिर मुकुट कुण्डल तिलक चारु
उदारु अङ्ग विभूषणं
आजानुभुज शर चाप धर
संग्राम जित खर दूषणं

sira mukuṭa kuṇḍala tilaka cāru
udāru aṅga vibhūṣaṇaṃ
ājānubhuja śara cāpa dhara
saṃgrāma jita khara dūṣaṇaṃ

সির মুকুট কুণ্ডল তিলক চারু
উদারু অঙ্গ বিভূষণং
আজানুভুজ শর চাপ ধর
সংগ্রাম জিত খর দূষণং

Worship the friend of the lowly, the Lord of the Day, who destroys the family of demons and forces of duality, the Son of Light, who radiates light, the moon of the Nation of Welfare, the son of Daśaratha.

Upon his head is a crown, large ear rings, and a mark of sacred ash on his forehead shining on his tall body. His long arms hold a bow and arrow with which he defeated Who is Always Harsh and Who Manifests Evil.

इति वदति तुलसीदास शङ्कर
शेष मुनि मन रञ्जनं
मम हृदय कञ्ज निवास कुरु
कामादि खल दल गञ्जनं

iti vadati tulasīdāsa śaṅkara
śeṣa muni mana rañjanaṃ
mama hṛdaya kañja nivāsa kuru
kāmādi khala dala gañjanaṃ

ইতি বদতি তুলসীদাস শংকর
শেষ মুনি মন রংজনং
মম হৃদয় কংজ নিবাস কুরু
কামাদি খল দল গংজনং

मनु जाहिं राचेउ मिलिहि सो बरु
सहज सुन्दर साँवरो
करुना निधान सुजान सीलु
सनेहु जानत रावरो

manu jāhiṃ rāceu milihi so baru
sahaja sundara sāṁvaro
karunā nidhāna sujāna sīlu sanehu
jānata rāvaro

মনু জাহিং রাচেউ মিলিহি সো
বরু সহজ সুন্দর সাঁবরো
করুনা নিধান সুজান সীলু
সনেহু জানত রাবরো

These are the words of Tulasīdāsa, Śaṅkara, the Cause of Peace, and Śeṣa, the Ultimate who supports existence, about the One who steals away the minds of even men of wisdom. Please reside in my heart and destroy all evil desires.

His human form is composed of blessings mingled together. He has natural beauty, is dark of hue, the Repository of Compassion, wise and polite. He loves all beings as his own.

एहि भान्ति गौरि असीस सुनि
सिय सहित हियँ हरषीं अली
तुलसी भवानिहि पूजि पुनि
पुनि मुदित मन मन्दिर चली

ehi bhānti gauri asīsa suni
siya sahita hiyam̐ haraṣīṃ alī
tulasī bhavānihi pūji puni
puni mudita mana mandira calī

এহি ভান্তি গৌরি অসীস সুনি
সিয় সহিত হিয়ঁ হরষীং অলী
তুলসী ভবানিহি পূজি পুনি
পুনি মুদিত মন মন্দির চলী

दो- जानि गौरि अनुकूल सिय
हिय हरषु न जाइ कहि
मञ्जुल मङ्गल मूल बाम
अङ्ग फरकन लगे

do- jāni gauri anukūla siya
hiya haraṣu na jāi kahi
mañjula maṅgala mūla bāma
aṅga pharakana lage

দো- জানি গৌরি অনুকূল সিয়
হিয় হরষু ন জাই কহি
মংজুল মঙ্গল মূল বাম
অঙ্গ ফরকন লগে

सियाबर रामचन्द्रकी जय

siyābara rāmacandrakī jaya

সিয়াবর রামচন্দ্রকী জয়

In this way Gauri, She Who is Rays of Light, listened to the description of the One who brings delight to the heart of Sītā, whom Tulasīdāsa worships along with the Divine Mother, and again and again goes to the temple of his mind to rejoice.

Gauri, She Who is Rays of Light, knowing the faithful husband, the delight of Sītā's heart, who is said to be unborn, who is the root of all goodness and welfare, makes the limbs of my left side to tremble. Victory to Rāma, the husband of Sītā.

हनुमान चालीसा	**Hanumāna Cālīsā**	হনুমান চালীসা
दो- श्री गुरुचरन सरोज रज ।	**do- śrī gurucarana saroja raja |**	দো- শ্রী গুরুচরন সরোজ রজ ।
निजमनु मुकुरु सुधारि ॥	**nijamanu mukuru sudhāri ॥**	নিজমনু মুকুরু সুধারি ।।
बरनउँ रघुवर बिमल जसु ।	**baranauṁ raghuvara bimala jasu |**	বরনউঁ রঘুবর বিমল জসু ।
जो दायकु फल चारि ॥	**jo dāyaku phala cāri ॥**	জো দায়কু ফল চারি ।।
बुद्धिहीन तनु जानिके ।	**buddhihīna tanu jānike |**	বুদ্ধিহীন তনু জানিকে ।
सुमिरौं पवनकुमार ॥	**sumiraum pavana kumāra ॥**	সুমিরৌং পবনকুমার ।।
बल बुद्धि विद्या देहु मोहिं ।	**bala buddhi vidyā dehu mohim |**	বল বুদ্ধি বিদ্যা দেহু মোহিং ।
हरहु कलेस बिकार ॥	**harahu kalesa bikāra ॥**	হরহু কলেস বিকার ।।
सियाबर रामचन्द्रकी जय ॥	**siyābara rāmacandrakī jaya ॥**	সিয়াবর রামচন্দ্রকী জয় ।।

The Adventures of Hanumāna

Cleansing the mirror of my mind by the dust of the respected Guru's lotus feet, I describe the pure welfare of the respected Rāma, the giver of the four rewards: the ideal of perfection, the needs for physical sustenance, the culmination of desire and liberation otherwise known as self-realization. Realizing myself to be of little or no intelligence, I pray to the Son of the Wind (Hanumāna). Please give me strength, intelligence, and knowledge, and remove all pains and impurities. Victory to Rāma, the husband of Sītā.

पवनसुत हनुमानकी जय ॥ उमापति महादेवकी जय ॥	**pavanasuta hanumānakī jaya ‖** **umāpati mahādevakī jaya ‖**	পবনসুত হনুমানকী জয় ।। উমাপতি মহাদেবকী জয় ।।
जय हनुमान ज्ञान गुन सागर । जय कपीस तिहूं लोक उजागर ॥ राम दूत अतुलित बलधामा । अंजनि पुत्र पवनसुत नामा ॥ महावीर बिक्रम बजरङ्गी । कुमति निवार सुमति के सङ्गी ॥ कंचन बरन विराज सुबेसा । कानन कुंडल कुंचित केसा ॥	**jaya hanumāna jñāna guna sāgara ।** **jaya kapīsa tihūṃ loka ujāgara ‖** **rāma dūta atulita baladhāmā ।** **aṃjani putra pavanasuta nāmā ‖** **mahāvīra bikrama bajaraṅgī ।** **kumati nivāra sumati ke saṅgī ‖** **kaṃcana barana virāja subesā ।** **kānana kuṃḍala kuṃcita kesā ‖**	জয় হনুমান জ্ঞান গুন সাগর । জয় কপীস তিহুং লোক উজাগর ।। রাম দূত অতুলিত বলধামা । অংজনি পুত্র পবনসুত নামা ।। মহাবীর বিক্রম বজরঙ্গী । কুমতি নিবার সুমতি কে সঙ্গী ।। কংচন বরন বিরাজ সুবেসা । কানন কুংডল কুংচিত কেসা ।।

Victory to Hanumāna, the Son of the Wind. Victory to the great Lord Śiva, husband of Umā.
Victory to Hanumāna, the ocean of wisdom. Victory to the king of monkeys, who enlightens the three worlds.
The ambassador of the respected Rāma is the repository of extraordinary powers. The son of the Shining One is named Son of the Wind. Great hero, most courageous, endowed with a very strong body, destroyer of negativity, the friend of purity. His golden body is beautifully dressed. Large rings adorn his ears and curly locks of hair.

हाथ बज्र औ ध्वजा बिराजै ।
काँधे मूँज जनेऊ साजै ॥
शङ्कर सुवन केशरी नन्दन ।
तेज प्रताप महा जगवन्दन ॥
विद्यावान गुनी अति चातुर ।
राम काज करिबे को आतुर ॥
प्रभु चरित सुनिबे को रसिया ।
राम लषन सीता मन बसिया ॥
सूक्ष्म रूप धरि सियहीं दिखावा ।
बिकट रूप धरि लङ्क जरावा ॥
भीम रूप धरि असुर सँहारे ।
रामचन्द्र के काज सँवारे ॥

hātha bajra au dhvajā birājai |
kāṁdhe mūṁja jane-ū sājai ||
śaṅkara suvana keśarī nandana |
teja pratāpa mahā jagavandana ||
vidyāvāna gunī ati cātura |
rāma kāja karibe ko ātura ||
prabhu carita sunibe ko rasiyā |
rāma laṣana sītā mana basiyā ||
sūkṣma rūpa dhari siyahīṃ dikhāvā |
bikaṭa rūpa dhari laṅka jarāvā ||
bhīma rūpa dhari asura saṁhāre |
rāmacandra ke kāja saṁvāre ||

হাথ বজ্র ঔ ধ্বজা বিরাজৈ ।
কাংধে মুঁজ জনেঊ সাজৈ ।।
শঙ্কর সুবন কেশরী নন্দন ।
তেজ প্রতাপ মহা জগবন্দন ।।
বিদ্যাবান গুনী অতি চাতুর ।
রাম কাজ করিবে কো আতুর ।।
প্রভু চরিত সুনিবে কো রসিয়া ।
রাম লষন সীতা মন বসিয়া ।।
সূক্ষ্ম রূপ ধরি সিয়হীং দিখাবা ।
বিকট রূপ ধরি লঙ্ক জরাবা ।।
ভীম রূপ ধরি অসুর সঁহারে ।
রামচন্দ্র কে কাজ সঁবারে ।।

He holds a thunderbolt and a flag in his hands, and wears a sacred thread of muṃja grass across his shoulder. He is an incarnation of the Cause of Peace and son of the King of Monkeys. The radiance of his light is worshiped in the world. He is full of knowledge, possessing all qualities, and very intelligent. He is always eager to serve the respected Rāma. He always delights in hearing stories of the Lord. Rāma, Lakṣmana, and Sītā dwell in his mind. In a very small form he showed himself to Sītā, and assuming a tremendous form he burned the City of Laṅka. With a gigantic form he slayed the demons and made the respected Rāmacandra's mission successful.

लाय सँजीवन लखन जीयाये ।
श्री रघुवीर हरषि उर लाये ॥
रघुपति कीन्ही बहुत बडाई ।
तुम मम प्रिय भरतहि सम भाई ॥
सहस बदन तुम्हरो यस गावैं ।
अस कहि श्रीपति कण्ठ लगावैं ॥
सनकादिक ब्रह्मादि मुनीसा ।
नारद सारद सहित अहीसा ॥
जम कुबेर दिकपाल जहाँ ते ।
कवि कोबिद कहि सके कहाँ ते ॥

lāya saṁjīvana lakhana jīyāye |
śrī raghuvīra haraṣi ura lāye ||
raghupati kīnhī bahuta barā-ī |
tuma mama priya bharatahi sama bhā-ī ||
sahasa badana tumharo yaśa gāvaiṃ |
asa kahi śrīpati kaṅṭha lagāvaiṃ ||
sanakādika brahmādi munīsā |
nārada sārada sahita ahīsā ||
jama kubera dikapāla jahāṁ te |
kavi kobida kahi sake kahāṁ te ||

লায় সঁজীবন লখন জীয়ায়ে ।
শ্রী রঘুবীর হরষি উর লায়ে ।।
রঘুপতি কীন্হী বহুত বডাঈ ।
তুম মম প্রিয় ভরতহি সম ভাঈ ।।
সহস বদন তুম্হরো যস গাবৈং ।
অস কহি শ্রীপতি কণ্ঠ লগাবৈং ।।
সনকাদিক ব্রহ্মাদি মুনীসা ।
নারদ সারদ সহিত অহীসা ।।
জম কুবের দিকপাল জহাঁ তে ।
কবি কোবিদ কহি সকে কহাঁ তে ।।

He saved Lakṣmana's life by bringing the life-giving herb, and the respected Rāma was so happy that he hugged him with delight. The Lord of Raghu praised him highly saying, "You are as beloved to me as my brother, Bhārata. Thousands will sing your glory," said the Lord of Lakṣmī with fond embrace. Sanaka and his brothers Sanandana, Sanātana, and Sanatkumara, Brahmā and other munis like Nārada, Śārada (Sarasvatī), as well as Śeṣa, the serpent that holds aloft the universe, Yama (God of Death), Kubera (God of Wealth), and the Gods of all the quarters, wherever they may be, poets, nor even scholars can enumerate your glory.

तुम उपकार सुग्रीवहिं कीन्हा ।
राम मिलाय राजपद दीन्हा ॥
तुम्हरो मन्त्र बिभीषन माना ।
लङ्केस्वर भये सब जग जाना ॥
जुग सहस्र जोजन पर भानू ।
लील्यो ताहि मधुर फल जानू ॥
प्रभु मुद्रिका मेलि मुख माहीं ।
जलधि लाँघि गये अचरज नाहीं ॥
दुर्गम काज जगत के जेते ।
सुगम अनुग्रह तुम्हरे तेते ॥
राम दुआरे तुम रखवारे ।
होत न आज्ञा बिनु पैसारे ॥

tuma upakāra sugrīvahiṃ kīnhā |
rāma milāya rājapada dīnhā ||
tumharo mantra bibhīṣana mānā |
laṅkesvara bhaye saba jaga jānā ||
juga sahasra jojana para bhānū |
līlyo tāhi madhura phala jānū ||
prabhu mudrikā meli mukha māhīṃ |
jaladhi lāṃghi gaye acaraja nāhīṃ ||
durgama kāja jagata ke jete |
sugama anugraha tumhare tete ||
rāma duāre tuma rakhavāre |
hota na ājñā binu paisāre ||

তুম উপকার সুগ্রীবহিং কীন্হা ।
রাম মিলায় রাজপদ দীন্হা ।।
তুম্হরো মন্ত্র বিভীষন মানা ।
লঙ্কেশ্বর ভয়ে সব জগ জানা ।।
জুগ সহস্র জোজন পর ভানূ ।
লীল্যো তাহি মধুর ফল জানূ ।।
প্রভু মুদ্রিকা মেলি মুখ মাহীং ।
জলধি লাংঘি গয়ে অচরজ নাহীং ।।
দুর্গম কাজ জগত কে জেতে ।
সুগম অনুগ্রহ তুম্হরে তেতে ।।
রাম দুআরে তুম রখবারে ।
হোত ন আজ্ঞা বিনু পৈসারে ।।

You gave a great benefit to Sugrīva by making his association with the respected Rāma, who placed the lost kingdom at his feet. You gave the mantra which was accepted by Bibhīṣana, and he became the King of Lanka, as the whole world knows. One time in your childhood, believing the sun to be a delicious fruit, which is millions of miles away, you jumped up and swallowed it. You leaped over the ocean keeping the ring of the respected Rāma in your mouth, thinking that it was nothing extraordinary. All the difficult tasks in the world become easy by your grace.You are the beloved of the respected Rāma and you protect his entrance. No one may enter without your order.

सब सुख लहै तुम्हारी सरना ।
तुम रच्छक काहू को डर ना ॥
आपन तेज सँहारो आपै ।
तीनों लोक हाँक ते काँपै ॥
भूत पिसाच निकट नहिं आवै ।
महावीर जब नाम सुनावै ॥
नासै रोग हरै सब पीरा ।
जपत निरन्तर हनुमत बीरा ॥
संकट ते हनुमान छुडावै ।
मन क्रम बचन ध्यान जो लावै ॥

saba sukha lahai tumhārī saranā |
tuma racchaka kāhū ko ḍara nā ||
āpana teja sam̐hāro āpai |
tīnoṃ loka hām̐ka te kām̐pai ||
bhūta pisāca nikaṭa nahiṃ āvai |
mahāvīra jaba nāma sunāvai ||
nāsai roga harai saba pīrā |
japata nirantara hanumata bīrā ||
saṃkaṭa te hanumāna chuḍāvai |
mana krama bacana dhyāna jo lāvai ||

সব সুখ লহৈ তুম্হারী সরনা ।
তুম রচ্ছক কাহূ কো ডর না ।।
আপন তেজ সঁহারো আপৈ ।
তীনোং লোক হাঁক তে কাংপৈ ।।
ভূত পিসাচ নিকট নহিং আবৈ ।
মহাবীর জব নাম সুনাবৈ ।।
নাসৈ রোগ হরৈ সব পীরা ।
জপত নিরন্তর হনুমত বীরা ।।
সংকট তে হনুমান ছুডাবৈ ।
মন ক্রম বচন ধ্যান জো লাবৈ ।।

All happiness is attained by taking refuge in you. What fear can come when you are the protector. Please control your brilliant light. The three worlds tremble at the sound of your tremendous roar. Ghosts or demons cannot even come close to he who chants the name of the great warrior, Hanumāna. All infirmities will be cured and all difficulties removed by continually chanting the name of the brave Hanumāna. Hanumāna will dispel all difficulties from anyone who remembers in thought, action, speech and meditation.

सब पर राम तपस्वी राजा ।
तिनके काज सकल तुम साजा ॥
और मनोरथ जो कोइ लावै ।
सोइ अमित जीवन फल पावै ॥
चारों युग परताप तुम्हारा ।
है परसिद्ध जगत उजियारा ॥
साधु सन्त के तुम रखवारे ।
असुर निकन्दन राम दुलारे ॥
अष्ट सिद्धि नौनिधि के दाता ।
अस बर दीन जानकी माता ॥
राम रसायन तुम्हरे पासा ।
सदा रहो रघुपति के दासा ॥

saba para rāma tapasvī rājā |
tinake kāja sakala tuma sājā ||
aura manoratha jo ko-i lāvai |
soi amita jīvana phala pāvai ||
cārom̤ yuga paratāpa tumhārā |
hai parasiddha jagata ujiyārā ||
sādhu santa ke tuma rakhavāre |
asura nikandana rāma dulāre ||
aṣṭa siddhi naunidhi ke dātā |
asa bara dīna jānakī mātā ||
rāma rasāyana tumhare pāsā |
sadā raho raghupati ke dāsā ||

সব পর রাম তপস্বী রাজা ।
তিনকে কাজ সকল তুম সাজা ।।
ওর মনোরথ জো কোই লাবৈ ।
সোই অমিত জীবন ফল পাবৈ ।।
চারোং যুগ পরতাপ তুম্হারা ।
হৈ পরসিদ্ধ জগত উজিয়ারা ।।
সাধু সন্ত কে তুম রখবারে ।
অসুর নিকন্দন রাম দুলারে ।।
অষ্ট সিদ্ধি নৌনিধি কে দাতা ।
অস বর দীন জানকী মাতা ।।
রাম রসায়ন তুম্হরে পাসা ।
সদা রহো রঘুপতি কে দাসা ।।

Above and beyond all is the King Rāma, performer of purifying austerities. You help him in all his works. Any desire with which people come to you, is fulfilled by you with the fruit of the tree of life. In all four ages the greatness of your light is known, and the world is aware of your extraordinary attainment. You protect the performers of purifying austerities and saintly beings. You destroy the evils of duality and you are loved by Rāma. You are the bestower of the eight powers of attainment, as well as the nine forms of wealth. This is the boon that Mother Sītā gave you. You have the nectar of Rāma's love. Always remain the servant of the Respected Rāma.

तुम्हरे भजन राम को पावै ।
जनम जनम के दुःख बिसरावै ॥
अन्त काल रघुपति पुर जाई ।
जहाँ जन्म हरिभक्त कहाई ॥
और देवता चित्त न धरई ।
हनुमत सेइ सर्ब सुख करई ॥
संकट कटै मिटै सब पीरा ।
जो सुमिरै हनुमत बलबीरा ॥
जै जै जै हनुमान गुसाईं ।
कृपा करहु गुरुदेव की नाईं ॥
जो सत बार पाठ कर कोई ।
छूटहि बंदि महासुख होई ॥

tumhare bhajana rāma ko pāvai |
janama janama ke duḥkha bisarāvai ||
anta kāla raghupati pura jā-ī |
jahāṁ janma haribhakta kahā-ī ||
aura devatā citta na dhara-ī |
hanumata se-i sarba sukha kara-ī ||
saṃkaṭa kaṭai miṭai saba pīrā |
jo sumirai hanumata balabīrā ||
jai jai jai hanumāna gusā-īṃ |
kṛpā karahu gurudeva kī nā-īṃ ||
jo sata bāra pāṭha kara ko-ī |
chūṭahi baṃdi mahāsukha ho-ī ||

তুম্হরে ভজন রাম কো পাবৈ ।
জনম জনম কে দুঃখ বিসরাবৈ ।।
অন্ত কাল রঘুপতি পুর জাঈ ।
জহাঁ জন্ম হরিভক্ত কহাঈ ।।
ঔর দেবতা চিত্ত ন ধরঈ ।
হনুমত সেই সর্ব সুখ করঈ ।।
সংকট কটৈ মিটৈ সব পীরা ।
জো সুমিরৈ হনুমত বলবীরা ।।
জৈ জৈ জৈ হনুমান গুসাঈং ।
কৃপা করহু গুরুদেব কী নাঈং ।।
জো সত বার পাঠ কর কোঈ ।
ছূটহি বংদি মহাসুখ হোঈ ।।

By singing your praises one can get Rāma, and be freed from pains of many births. Ultimately such devotees will go to the City of Rāma, and always take birth with devotion to God. There is no need to contemplate other gods; by worshiping Hanumāna all happiness is attained. All difficulties may be removed, and all pains destroyed for one who remembers the brave Hanumāna. Victory, victory, victory to Hanumāna. Give us your mercy, Oh beloved Guru. Whoever recites these verses one hundred times will be released from all bondage and attain supreme happiness.

जो यह पढै हनुमान चालीसा ।
होय सिद्धि साखी गौरीसा ॥
तुलसीदास सदा हरि चेरा ।
कीजै नाथ हृदय महँ डेरा ॥

jo yaha paḍhai hanumāna cālīsā |
hoya siddhi sākhī gaurīsā ||
tulasīdāsa sadā hari cerā |
kījai nātha hṛdaya mahaṁ ḍerā ||

জো যহ পঢৈ হনুমান চালীসা ।
হোয় সিদ্ধি সাখী গৌরীসা ।।
তুলসীদাস সদা হরি চেরা ।
কীজৈ নাথ হৃদয় মহঁ ডেরা ।।

দো- पवनतनय संकट हरन ।
मङ्गल मूरति रूप ॥
राम लखन सीता सहित ।
हृदय बसहु सुर भूप ॥

do- pavana tanaya saṅkaṭa harana |
maṅgala mūrati rūpa ||
rāma lakhana sītā sahita |
hṛdaya basahu sura bhūpa ||

দো- পবনতনয় সংকট হরন ।
মঙ্গল মূরতি রূপ ।।
রাম লখন সীতা সহিত ।
হৃদয় বসহু সুর ভূপ ।।

सियाबर रामचन्द्रकी जय ॥
पवनसुत हनुमानकी जय ॥
उमापति महादेवकी जय ॥

siyābara rāmacandrakī jaya ||
pavanasuta hanumānakī jaya ||
umāpati mahādevakī jaya ||

সিয়াবর রামচন্দ্রকী জয় ।।
পবনসুত হনুমানকী জয় ।।
উমাপতি মহাদেবকী জয় ।।

Whoever recites these verses about Hanumāna will attain perfection, and will become the friend of Lord Śiva. Tulasīdāsa, who is always at the feet of Rāma, prays, "Oh Lord, please always dwell in my heart." Oh Son of the Wind, who removes all difficulties, in the form of the image of welfare; always dwell in my heart together with Lakṣmana, Sītā, and Rāma, the king of all gods. Victory to Rāma, husband of Sītā. Victory to Hanumāna, son of the Wind. Victory to the great Lord Śiva, husband of Umā.

अथ बजरङ्ग बाण

दो- निश्चय प्रेम प्रतीत ते
विनय करें सनमान ।
तेहि के कारन सकल शुभ
सिद्धि करें हनुमान ॥

सियाबर रामचन्द्रकी जय ॥
पवनसुत हनुमानकी जय ॥
उमापति महादेवकी जय ॥

atha bajaranga bāna

do- niścaya prema pratīta te
vinaya karem sanamāna |
tehi ke kārana sakala śubha
siddhi karem hanumāna ||

siyābara rāmacandrakī jaya ||
pavanasuta hanumānakī jaya ||
umāpati mahādevakī jaya ||

অথ বজরঙ্গ বাণ

দো- নিশ্চয় প্রেম প্রতীত তে
বিনয় করেং সনমান ।
তেহি কে কারন সকল শুভ
সিদ্ধি করেং হনুমান ।।

সিয়াবর রামচন্দ্রকী জয় ।।
পবনসুত হনুমানকী জয় ।।
উমাপতি মহাদেবকী জয় ।।

And now, The Arrow of the One with a Body as hard as a Diamond (or as bright as Lightning)

Certainly you are acquainted with Love, with humility it offers respect. Because of it everything is pure, and that is the attainment of Hanumāna, Pure Devotion.

Victory to Rāma, the husband of Sītā. Victory to the Son of the Wind, Hanumāna, Pure Devotion.

Victory to the husband of the Divine Mother, the Great God Śiva.

जय हनुमन्त सन्त हितकारी ।
सुनि लीजै प्रभु अरज हमारी ॥
जन के काज विलम्ब न कीजै ।
आतुर दौरि महासुख दीजै ॥
जैसे कूदि सिन्धु महि पारा ।
सुरसा बदन पैठि विस्तारा ॥
आगे जाई लंकिनी रोका ।
मारेहु लात गई सुर लोका ॥
जाय बिभीषन को सुख दीन्हा ।
सीता निरखि परम पद लीन्हा ॥
बाग उजारि सिन्धु महँ बोरा ।
अति आतुर यम कातर तोरा ॥

jaya hanumanta santa hitakārī |
suni lījai prabhu araja hamārī ||
jana ke kāja vilamba na kījai |
ātura dauri mahāsukha dījai ||
jaise kūdi sindhu mahi pārā |
surasā badana paiṭhi vistārā ||
āge jāī laṃkinī rokā |
mārehu lāta ga-ī sura lokā ||
jāya bibhīṣana ko sukha dīnhā |
sītā nirakhi parama pada līnhā ||
bāga ujāri sindhu mahaṁ borā |
ati ātura yama kātara torā ||

জয় হনুমন্ত সন্ত হিতকারী ।
সুনি লীজৈ প্রভু অরজ হমারী ।।
জন কে কাজ বিলম্ব ন কীজৈ ।
আতুর দৌরি মহাসুখ দীজৈ ।।
জৈসে কূদি সিন্ধু মহি পারা ।
সুরসা বদন পৈঠি বিস্তারা ।।
আগে জাঈ লংকিনী রোকা ।
মারেহু লাত গঈ সুর লোকা ।।
জায় বিভীষন কো সুখ দীন্হা ।
সীতা নিরখি পরম পদ লীন্হা ।।
বাগ উজারি সিন্ধু মহঁ বোরা ।
অতি আতুর য়ম কাতর তোরা ।।

Victory to Hanumāna, the benefactor of saints. Please listen, oh Lord, to my prayer. Do not delay in performing the work of the people. Please come with speed and give the great happiness. When you jumped across the great ocean, Shining One acknowledged the extent of your capacity. Going forward Protector of the Kingdom of the Ego stopped you, and with one blow from your fist you sent her to the realms of the Gods. Proceeding to meet Discrimination, you gave him great pleasure, and you discovered the whereabouts of Sītā. You destroyed the garden as though you encompassed the great ocean, and speedily you dispatched the enemies to the Kingdom of Death.

अक्षयकुमार को मारि संहारा ।
लूम लपेटि लङ्क को जारा ॥
लाह समान लंक जरि गई ।
जय जय ध्वनि सुरपुर महँ भइ ॥
अब विलम्ब केहि कारन स्वामी ।
कृपा करहु उर अन्तर्यामी ॥
जय जय लक्ष्मण प्राण के दाता ।
आतुर हीय दुःख हरहु निपाता ॥
जय गिरिधर जय जय सुख सागर ।
सुर समूह समरथ भट नागर ॥
ॐ हनु हनु हनु हनुमन्त हठीले ।
बैरिहि मारु वज्र की कीले ॥

akṣayakumāra ko māri saṃhārā |
lūma lapeṭi laṅka ko jārā ||
lāha samāna laṅka jari gaī |
jaya jaya dhvani surapura mahaṁ bhaī ||
aba vilamba kehi kārana svāmī |
kṛpā karahu ura antaryāmī ||
jaya jaya lakṣmaṇa prāṇa ke dātā |
ātura hīya duḥkha harahu nipātā ||
jaya giridhara jaya jaya sukha sāgara |
sura samūha samaratha bhaṭa nāgara ||
oṃ hanu hanu hanu hanumanta haṭhīle |
bairihi māru vajra kī kīle ||

অক্ষয়কুমার কো মারি সংহারা ।
লূম লপেটি লংকা কো জারা ।।
লাহ সমান লংক জরি গঈ ।
জয় জয় ধ্বনি সুরপুর মহঁ ভঈ ।।
অব বিলম্ব কেহি কারন স্বামী ।
কৃপা করহু উর অন্তর্যামী ।।
জয় জয় লক্ষ্মণ প্রাণ কে দাতা ।
আতুর হীয় দুঃখ হরহু নিপাতা ।।
জয় গিরিধর জয় জয় সুখ সাগর ।
সুর সমূহ সমরথ ভট নাগর ।।
ওঁ হনু হনু হনু হনুমন্ত হঠীলে ।
বৈরিহি মারু বজ্র কী কীলে ।।

You killed Ever Young, and unfolding your tail, you burned down Laṅka. Just like lac Laṅka went up in flames, and all the Gods in heaven let out shouts of, "Victory to our brother!" Now, oh Master, what is the cause of your delay? Give your Grace, you who reside in the hearts of all. Victory, victory to the giver of life to Lakṣmana. Speedily you gladly destroyed his pain. Victory to He Who Raises the Mountain. Victory, victory to the ocean of comfort and happiness. In the assembly of Gods you are a powerful warrior of the City. Oṃ the jaw, jaw, jaw who has a stubborn jaw (as a child he fell on his jaw but it did not break), you killed enemies with a spike of lightning.

गदा वज्र लै बैरिहि मारो ।
महाराज प्रभु दास उचारो ॥
ॐकार हूंकार प्रभु धावहु ।
वज्र गदा हनु विलम्ब न लावो ॥
ॐ ह्रीं ह्रीं ह्रीं हनुमन्त कपीशा ।
ॐ हुं हुं हुं हनु अरि उर शीशा ॥
सत्य होहु हरि सपथ पाइ के ।
राम दूत धरु मारु जाय के ॥
जय जय जय हनुमन्त अगाधा ।
दुःख पावत जन केहि अपराधा ॥

gadā vajra lai bairihi māro |
mahārāja prabhu dāsa ucāro ||
oṃkāra hūṃkāra prabhu dhābahu |
vajra gadā hanu vilamba na lāvo ||
oṃ hrīṃ hrīṃ hrīṃ hanumanta kapīśā |
oṃ huṃ huṃ huṃ hanu ari ura śīśā |
satya hohu hari sapatha pāī ke |
rāma dūta dharu māru jāya ke ||
jaya jaya jaya hanumanta agādhā |
duḥkha pāvata jana kehi aparādhā ||

গদা বজ্র লৈ বৈরিহি মারো ।
মহারাজ প্রভু দাস উচারো ।।
ওঁকার হুংকার প্রভু ধাবহু ।
বজ্র গদা হনু বিলম্ব ন লাবো ।।
ওঁ হ্রীং হ্রীং হ্রীং হনুমন্ত কপীশা ।
ওঁ হুং হুং হুং হনু অরি উর শীশা ।।
সত্য হোহু হরি সপথ পাই কে ।
রাম দূত ধরু মারু জায় কে ।।
জয় জয় জয় হনুমন্ত অগাধা ।
দুঃখ পাবত জন কেহি অপরাধা ।।

You slay enemies with the mace and with lightning, and oh Great King, oh Lord, you call yourself a servant. Oh Lord, you purify with reciting the mantra oṃ and the mantra huṃ, so do not hesitate, oh One with the Jaw, to use your lightning and your club. Oṃ hrīṃ hrīṃ hrīṃ Hanumāna Lord of Monkeys, oṃ huṃ huṃ huṃ oh One with the Jaw, make my heart your mirror. You are truth and bound to God under oath. The Ambassador of Consciousness was victorious in slaying his captors. Victory, victory, victory to the unfathomable Hanumāna. You show the faults to those who cause pain to others.

पूजा जप तप नेम अचारा ।
नहीं जानत हों दास तुम्हारा ॥
बन उपवन मग गिरि गृह माँही ।
तुम्हरे बल हम डरपत नाहीं ॥
पांय परहुँ कर जोरि मनावहुँ ।
यहि अवसर अब केहि गोहरावहुँ ॥
जय अंजनि कुमार बलबन्ता ।
शङ्कर सुवन वीर हनुमन्ता ॥
बदन कराल काल कुल बालक ।
राम सहाय सदा प्रति पालक ॥
भूत प्रेत पिशाच निशाचर ।
अग्नि बैताल काल मारी मर ॥

pūjā japa tapa nema acārā |
nahīṃ jānata hoṃ dāsa tumhārā ||
bana upavana maga giri gṛha māṁhī |
tumhare bala hama ḍarapata nāhīṃ ||
pāṃya parahuṁ kara jori manāvahuṁ |
yahi avasara aba kehi goharāvahuṁ ||
jaya aṃjani kumāra balavantā |
śaṅkara suvana vīra hanumantā ||
badana karāla kāla kula bālaka |
rāma sahāya sadā prati pālaka ||
bhūta preta piśāca niśācara |
agni baitāla kāla mārī mara ||

পূজা জপ তপ নেম অচারা ।
নহীং জানত হোং দাস তুম্হারা ।।
বন উপবন মগ গিরি গৃহ মাঁহী ।
তুম্হরে বল হম ডরপত নাহীং ।।
পাংয় পরহুঁ কর জোরি মনাবহুঁ ।
য়হি অবসর অব কেহি গোহরাবহুঁ ।।
জয় অংজনি কুমার বলবন্তা ।
শংকর সুবন বীর হনুমন্তা ।।
বদন করাল কাল কুল বালক ।
রাম সহায় সদা প্রতি পালক ।।
ভূত প্রেত পিশাচ নিশাচর ।
অগ্নি বৈতাল কাল মারী মর ।।

Worship, recitation of mantras, austerities are the rule of behavior. They do not understand that we are your servants. In the forests, in gardens, on the road, in the mountains, or in a house, we never have occasion to experience fear. I regard your pair of feet as conveyors of blessings. Now someone is calling aloud this opportunity. Victory to the very strong son of Añjani, the dark collyrium applied to the eyes, the courageous Hanumāna, the incarnation of Śiva, the Cause of Peace. With an extremely fierce face even the family of Time becomes like children. The helper of Consciousness always is protected. Ghosts, disembodied spirits, ethereal beings, beings of corrupted behavior, with the sacrifice of fire you are the Time of their death.

इन्हें मारु तोहि शपथ राम की ।
राखु नाथ मर्याद नाम की ॥
जनक सुता हरि दास कहावो ।
ताकी शपथ विलम्ब न लावो ॥
जै जै जै धुनि होत अकाशा ।
सुमिरत होत दुसह दुख नाशा ॥
चरण शरण कर जोरि मनावौं ।
यहि अवसर अब केहि गोहरावौं ॥
उठु उठु चलु तोहि राम दोहाई ।
पाँय परौं कर जोरि मनाई ॥

inhem māru tohi śapatha rāma kī |
rākhu nātha maryāda nāma kī ||
janaka sutā hari dāsa kahāvo |
tākī śapatha vilamba na lāvo ||
jai jai jai dhuni hota akāśā |
sumirata hota dusaha dukha nāśā ||
caraṇa śaraṇa kara jori manāvauṃ |
yahi avasara aba kehi goharāvauṃ ||
uṭhu uṭhu calu tohi rāma dohāī |
pāṁya parauṃ kara jori manāī ||

ইন্হেং মারু তাহি শপথ রাম কী ।
রাখু নাথ মর্য়াদ নাম কী ।।
জনক সুতা হরি দাস কহাবো ।
তাকী শপথ বিলম্ব ন লাবো ।।
জৈ জৈ জৈ ধ্বনি হোত অকাশা ।
সুমিরত হোত দুসহ দুখ নাশা ।।
চরণ শরণ কর জোরি মনাবৌং ।
য়হি অবসর অব কেহি গোহরাবৌং ।।
উঠু উঠু চলু তোহি রাম দাহাঈ ।
পাঁয় পরৌং কর জোরি মনাঈ ।।

He has slain them because of his oath to Rāma, to protect the Lord and the dignity of his name. The Daughter of The Cause said to the servant of God, take an oath not to delay. Victory, victory, victory to the sound which resounds through the ether, listening to which the most unbearable pains are destroyed. Regarding your pair of feet as the place of refuge, now with this opportunity we can shout a triumphant sound! Rise up, rise up and embark upon Rāma's success. Let us regard your pair of feet.

ॐ चं चं चं चं चपल चलन्ता ।
ॐ हनु हनु हनु हनु हनुमन्ता ॥
ॐ हं हं हाँक देत कपि चंचल ।
ॐ सं सं सहमि पराने खल दल ॥
अपने जन को तुरत उबारो ।
सुमिरत होय आनन्द हमारो ॥
यह बजरंग बाण जेहि मारे ।
ताहि कहो फिर कौन उबारे ॥
पाठ करें बजरंग बाण की ।
हनुमत रक्षा करें प्राण की ॥

oṃ caṃ caṃ caṃ caṃ capala calantā |
oṃ hanu hanu hanu hanu hanumantā ||
oṃ haṃ haṃ hāṁka deta kapi caṃcala |
oṃ saṃ saṃ sahami parāne khala dala ||
apane jana ko turata ubāro |
sumirata hoya ānanda hamāro ||
yaha bajaraṃga bāṇa jehi māre |
tāhi kaho phira kauna ubāre ||
pāṭha kareṃ bajaraṃga bāṇa kī |
hanumata rakṣā kareṃ prāṇa kī ||

ওঁ চং চং চং চং চপল চলন্তা ।
ওঁ হনু হনু হনু হনু হনুমন্তা ।।
ওঁ হং হং হাঁক দেত কপি চংচল ।
ওঁ সং সং সহমি পরানে খল দল ।।
অপনে জন কো তুরত উবারো ।
সুমিরত হোয় আনন্দ হমারো ।।
য়হ বজরংগ বাণ জহি মারে ।
তাহি কহো ফির কৌন উবারে ।।
পাঠ করেং বজরংগ বাণ কী ।
হনুমত রক্ষা করেং প্রাণ কী ।।

Oṃ caṃ caṃ caṃ caṃ you move with such nimbleness. Oṃ hanu hanu hanu hanu, oh Hanumāna. Oṃ haṃ haṃ calls aloud the fickle monkey. Oṃ saṃ saṃ call the frightened group of fleeing wicked beings. Immediately you liberate your own people. This song of praise brings us great bliss. Whoever will shoot the Arrow of the One with a Body as hard as a Diamond (or as bright as Lightning), then who else can liberate him? Whoever will read the song of the Arrow of the One with a Body as hard as a Diamond (or as bright as Lightning), Hanumāna will protect his life.

यह बजरंग बाण जो जापै ।	**yaha bajaraṃga bāṇa jo jāpai ।**	য়হ বজরংগ বাণ জো জাপৈ ।
ताते भूत प्रेत सब काँपै ॥	**tāte bhūta preta saba kām̐pai ॥**	তাতে ভূত প্রেত সব কাংপৈ ।।
धूप देय अरु जपैं हमेशा ।	**dhūpa deya aru japaiṃ hameśā ।**	ধূপ দেয় অরু জপৈং হমেশা ।
ताके तन नहिं रहै कलेशा ॥	**tāke tana nahiṃ rahai kaleśā ॥**	তাকে তন নহিং রহৈ কলেশা ।।
दो- प्रेम प्रतीतहि कपि भजै	**do- prema pratītahi kapi bhajai**	দো- প্রেম প্রতীতহি কপি ভজৈ,
सदा धरैं उर ध्यान ।	**sadā dharaiṃ ura dhyāna ।**	সদা ধরৈং উর ধ্যান ।
तेहि के कारज सकल शुभ	**tehi ke kāraja sakala śubha**	তেহি কে কারজ সকল শুভ,
सिद्धि करैं हनुमान ॥	**siddhi karaiṃ hanumāna ॥**	সিদ্ধি করৈং হনুমান ।।
सियाबर रामचन्द्रकी जय ॥	**siyābara rāmacandrakī jaya ॥**	সিয়াবর রামচন্দ্রকী জয় ।।
पवनसुत हनुमानकी जय ॥	**pavanasuta hanumānakī jaya ॥**	পবনসুত হনুমানকী জয় ।।
उमापति महादेवकी जय ॥	**umāpati mahādevakī jaya ॥**	উমাপতি মহাদেবকী জয় ।।

Whoever will continually recite the song of the Arrow of the One with a Body as hard as a Diamond (or as bright as Lightning), ghosts and disembodied spirits all tremble in fear of him. Whoever will offer incense and always recite, his body will be free from all infirmities.

dohā- Celebrate the monkey who is the emblem of love, and always perform his meditation. He is the Cause of all purity. Hanumāna is the giver of attainments. Victory to Rāma, the husband of Sītā. Victory to the Son of the Wind, Hanumāna, Pure Devotion. Victory to the husband of the Divine Mother, the Great God Śiva.

संकटमोचन हनुमानाष्टक	**saṃkaṭamocana hanumānāṣṭaka**	সংকর্টমোচন হনুমানার্ষ্টক
बाल समय रबि भक्षि लियो तब तीनहुँ लोक भयो अँदियारो । ताहि सों त्रास भयो जग को यह संकट काहु सों जात न टारो । देवन आनि करी बिनती तब छाँडि दियो रबि कष्ट निवारो । को नहिं जानत है जग में कपि संकटमोचन नाम तिहारो ॥ १	**bāla samaya rabi bhakṣi liyo taba tīnahuṁ loka bhayo aṁdiyāro | tāhi soṃ trāsa bhayo jaga ko yaha saṃkaṭa kāhu soṃ jāta na ṭāro | devana āni karī binatī taba chāṁḍi diyo rabi kaṣṭa nivāro | ko nahiṃ jānata hai jaga meṃ kapi saṃkaṭa mocana nāma tihāro || 1**	বাল সময় রবি ভক্ষি লিয়ো তব তীনহুঁ লোক ভয়ো আঁদিয়ারো । তাহি সোং ত্রাস ভয়ো জগ কো য়হ সংকর্ট কাহু সোং জাত ন টারো । দেবন আনি করী বিনতী তব ছাঁডি দিয়ো রবি কর্ষ্ট নিবারো । কো নহিং জানত হৈ জগ মেং কপি সংকর্টমোচন নাম তিহারো ।। ১

The Eight Verses about Hanumāna Which Remove all Difficulties

1. There was a time as a child when you ate the sun, and the three worlds were plunged into the fear of darkness. For you who caused the fear and dread of the worlds this was no difficulty which you would try to avoid. When the Gods came to plead with you, then you released the sun and removed their difficulties. Who in the world doesn't know the monkey whose name removes all difficulties.

बालि की त्रास कपीस बसै गिरि
जात महाप्रभु पन्थ निहारो ।
चौंकि महा मुनि साप दियो तब
चाहिए कौन बिचार बिचारो ।
कै द्विज रूप लिवाय महाप्रभु
सो तुम दास के सोक निवारो ।
को नहिं जानत है जग में
कपि संकटमोचन नाम तिहारो ॥ २

bāli kī trāsa kapīsa basai giri
jāta mahāprabhu pantha nihāro |
caumki mahā muni sāpa diyo taba
cāhie kauna bicāra bicāro |
kai dvija rūpa livāya mahāprabhu
so tuma dāsa ke soka nivāro |
ko nahim jānata hai jaga mem
kapi samkaṭa mocana nāma tihāro
|| 2

বালি কী ত্রাস কপীস বসৈ গিরি
জাত মহাপ্রভু পন্থ নিহারো ।
চৌংকি মহা মুনি সাপ দিয়ো তব
চাহিএ কৌন বিচার বিচারো ।
কৈ দ্বিজ রূপ লিবায় মহাপ্রভু
সো তুম দাস কে সোক নিবারো ।
কো নহিং জানত হৈ জগ মেং
কপি সংকটমোচন নাম
তিহারো ।। ২

2. In fear of Bāli the Lord of Monkeys resided on top of the mountain. You departed to see the Great Lord on the path. To protect (Sugrīva) the great wise man had cursed (Bāli). Then no matter what his desire, he could only think and ponder. Wearing the form of a twice born knower of divinity you went to the Great Lord, and in this way you were a servant to remove the grief (of Sugrīva). Who in the world doesn't know the monkey whose name removes all difficulties.

अंगद् के सँग लैन गये सिय
खोज कपीस यह बैन उचारो।
जीवत ना बचिहौ हम सों जु
बिना सुधि लाये इहाँ पगु धारो।
हेरि थके तट सिन्धु सबै तब
लाय सिया सुधि प्राण उबारो।
को नहिं जानत है जग में
कपि संकटमोचन नाम तिहारो॥ ३

aṃgada ke saṁga laina gaye siya
khoja kapīsa yaha baina ucāro |
jīvata nā bacihau hama soṃ ju
binā sudhi lāye ihāṁ pagu dhāro |
heri thake taṭa sindhu sabai taba
lāya siyā sudhi prāṇa ubāro |
ko nahiṃ jānata hai jaga meṃ
kapi saṃkaṭa mocana nāma
tihāro || 3

অংগদ কে সঁগ লৈন গয়ে সিয়
খোজ কপীস য়হ বৈন উচারো ।
জীবত না বচিহৌ হম সোং জু
বিনা সুধি লায়ে ইহাঁ পগু ধারো ।
হেরি থকে টত সিন্ধু সবৈ তব
লায় সিয়া সুধি প্রাণ উবারো ।
কো নহিং জানত হৈ জগ মেং
কপি সংকটমোচন নাম
তিহারো ।। ৩

3. You went along with Aṃgada to search for Sītā, according to the order spoken by the Lord of the Monkeys. Our lives would have been lost if you didn't bring the news here with such great speed. Searching for Sītā brought all to the shores of the ocean, and when you brought news of her, you saved our lives. Who in the world doesn't know the monkey whose name removes all difficulties.

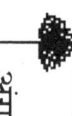

रावन त्रास दई सै को
सब राक्षसि सों कहि सोक निवारो ।
ताहि समय हनुमान महाप्रभु
जाय महा रजनीचर मारो ।
चाहत सीय असोक सों आगि सु
दै प्रभु मुद्रिका सोक निवारो ।
को नहिं जानत है जग में
कपि संकटमोचन नाम तिहारो ॥ ४

rāvana trāsa daī sai ko
saba rākṣasi soṃ kahi soka nivāro |
tāhi samaya hanumāna mahāprabhu
jāya mahā rajanīcara māro |
cāhata sīya asoka soṃ āgi su
dai prabhu mudrikā soka nivāro |
ko nahiṃ jānata hai jaga meṃ
kapi saṃkaṭa mocana nāma tihāro || 4

রাবন ত্রাস দঈ সৈ কো
সব রাক্ষসি সোং কহি সোক নিবারো ।
তাহি সময় হনুমান মহাপ্রভু
জায় মহা রজনীচর মারো ।
চাহত সীয় অসোক সোং আগি সু
দৈ প্রভু মুদ্রিকা সোক নিবারো ।
কো নহিং জানত হৈ জগ মেং
কপি সংকটমোচন নাম তিহারো ।। ৪

4. Rāvana gave to her much fear, and the demon women were trying to take away his grief. At that time Hanumāna the Great Lord went there in the moonlight, and defeated them. You wanted Sītā to be free from grief as she was before, so you gave her the ring of the Lord removing her distress. Who in the world doesn't know the monkey whose name removes all difficulties.

बान लग्यो उर लछिमन के तब
प्रान तजे सुत रावन मारो ।
लै गृह वैद्य सुषेन समेत
तबै गिरि द्रोन सुबीर उपारो ।
आनि संजीवन हाथ दई तब
लछिमन के तुम प्रान उबारो ।
को नहिं जानत है जग में
कपि संकटमोचन नाम तिहारो ॥ ५

bāna lagyo ura lachimana ke taba
prāna taje suta rāvana
māro |
lai gṛha vaidya suṣena sameta
tabai giri drona subīra upāro |
āni saṃjīvana hātha daī taba
lachimana ke tuma prāna ubāro |
ko nahiṃ jānata hai jaga meṃ
kapi saṃkaṭa mocana nāma
tihāro || 5

বান লগ্যো উর লছিমন কে তব
প্রান তজে সুত রাবন মারো ।
লৈ গৃহ বৈদ্য সুষেন সমেত
তবৈ গিরি দ্রোন সুবীর উপারো ।
আনি সংজীবন হাথ দঈ তব
লছিমন কে তুম প্রান উবারো ।
কো নহিং জানত হৈ জগ মেং
কপি সংকটমোচন নাম
তিহারো ।। ৫

5. Lakṣmana was struck by an arrow by the son of Rāvana, and his life was in danger. You brought the doctor along with his house. Then you raised the entire mountain along with its creepers. In your hand you brought the life saving herb and gave it, saving Lakṣmana's life. Who in the world doesn't know the monkey whose name removes all difficulties.

रावन जुद्ध अजान कियो तब
नाग कि फाँस सबै सिर डारो ।
श्रीरघुनाथ समेत सबै दल
मोह भयो यह संकट भारो ।
आनि खगेस तबै हनुमान जु
बन्धन काटि सुत्रास निवारो ।
को नहिं जानत है जग में
कपि संकटमोचन नाम तिहारो ॥ ६

rāvana juddha ajāna kiyo taba
nāga ki phāṁsa sabai sira ḍāro |
śrīraghunātha sameta sabai dala
moha bhayo yaha saṃkaṭa bhāro |
āni khagesa tabai hanumāna ju
bandhana kāṭi sutrāsa nivāro |
ko nahiṃ jānata hai jaga meṃ
kapi saṃkaṭa mocana nāma
tihāro || 6

রাবন জুদ্ধ অজান কিয়ো তব
নাগ কি ফাঁস সবৈ সির ডারো ।
শ্রীরঘুনাথ সমেত সবৈ দল
মোহ ভয়ো য়হ সংকট ভারো ।
আনি খগেস তবৈ হনুমান জু
বন্ধন কাটি সুত্রাস নিবারো ।
কো নহিং জানত হৈ জগ মেং
কপি সংকটমোচন নাম
তিহারো ।। ৬

6. In the war with Rāvana the Lord of the Raghus unknowingly had his body bound by the bond of snakes. The respected Rāma along with all of his group, was thrust into the delusion of great fear and difficulties. Hanumāna brought the Lord of the Birds, who cut the bonds and took away all fear. Who in the world doesn't know the monkey whose name removes all difficulties.

बन्धु समेत जबै अहिरावन
लै रघुनाथ पताल सिधारो।
देबिहिं पूजि भली बिधि सों बलि
देउ सबै मिलि मन्त्र बिचारो।
जाय सहाय भयो तब ही
अहिरावन सैन्य समेत संहारो।
को नहिं जानत है जग में
कपि संकटमोचन नाम तिहारो॥ ७

bandhu sameta jabai ahirāvana
lai raghunātha patāla sidhāro |
debihiṃ pūji bhalī bidhi soṃ bali
deu sabai mili mantra bicāro |
jāya sahāya bhayo taba hī
ahirāvana sainya sameta saṃhāro |
ko nahiṃ jānata hai jaga meṃ
kapi saṃkaṭa mocana nāma tihāro || 7

বন্ধু সমেত জবৈ অহিরাবন
লৈ রঘুনাথ পতাল সিধারো ।
দেবিহিং পূজি ভলী বিধি সোং বলি
দেউ সবৈ মিলি মন্ত্র বিচারো ।
জায় সহায় ভয়ো তব হী
অহিরাবন সৈন্য সমেত সংহারো ।
কো নহিং জানত হৈ জগ মেং
কপি সংকটমোচন নাম তিহারো ।। ৭

7. When Ahirāvana and his friends took the Lord of the Raghus to the lower worlds, then the Gods made excellent worship according to the rules, and altogether recited mantras. Then you went to assist, and killed Ahirāvana along with his army. Who in the world doesn't know the monkey whose name removes all difficulties.

काज किये बड देवन के तुम
वीर महाप्रभु देखि बिचारो ।
कौन सो संकट मोर गरीब को
जो तुम सों नहिं जात है टारो ।
बेगि हरो हनुमान महाप्रभु
जो कछु संकट होय हमारो ।
को नहिं जानत है जग में
कपि संकटमोचन नाम तिहारो ॥ ८

kāja kiye baḍa devana ke tuma
vīra mahāprabhu dekhi bicāro |
kauna so saṃkaṭa mora garība ko
jo tuma soṃ nahiṃ jāta hai ṭāro |
begi haro hanumāna mahāprabhu
jo kachu saṃkaṭa hoya hamāro |
ko nahiṃ jānata hai jaga meṃ
kapi saṃkaṭa mocana nāma
tihāro || 8

কাজ কিয়ে বড দেবন কে তুম
বীর মহাপ্রভু দেখি বিচারো ।
কৌন সো সংকর্ট মোর গরীব কো
জো তুম সোং নহিং জাত হৈ
টারো ।
বেগি হরো হনুমান মহাপ্রভু
জো কছু সংকর্ট হোয় হমারো ।
কো নহিং জানত হৈ জগ মেং
কপি সংকর্টমোচন নাম
তিহারো ।। ৮

8. Having completed their work, all the Gods who saw you called you, "The Courageous Great Lord." What difficulty could befall upon poor me, that you will not go and remove? Oh Great Lord Hanumāna, quickly you remove every difficulty that comes to us. Who in the world doesn't know the monkey whose name removes all difficulties.

दो- लाल देह लाली लसे
अरु धरि लाल लँगूर ।
वज्र देह दानव दलन
जय जय जय कपि सूर ॥

सियाबर रामचन्द्रकी जय ॥
पवनसुत हनुमानकी जय ॥
उमापति महादेवकी जय ॥

do- lāla deha lālī lase
aru dhari lāla laṁgūra |
vajra deha dānava dalana
jaya jaya jaya kapi sūra ||

siyābara rāmacandrakī jaya ||
pavanasuta hanumānakī jaya ||
umāpati mahādevakī jaya ||

দো- লাল দেহ লালী লসে
অরু ধরি লাল লঁগূর ।
বজ্র দেহ দানব দলন
জয় জয় জয় কপি সূর ।।

সিয়াবর রামচন্দ্রকী জয় ।।
পবনসুত হনুমানকী জয় ।।
উমাপতি মহাদেবকী জয় ।।

With a red body and a red shine and moreover a red monkey, his diamond hard body cuts into small bits the forces of division. Victory, victory, victory to the Divine Monkey!

Victory to Rāma, the husband of Sītā. Victory to the Son of the Wind, Hanumāna, Pure Devotion. Victory to the husband of the Divine Mother, the Great God Śiva.

हनुमान आरति

आरति कीजै हनुमान लला की ।
दुष्ट दलन रघुनाथ कला की ॥
जाके बल ते गिरिवर काँपे ।
रोग दोष जाके निकट न झाँपे ॥
अंजनि पुत्र महा बलदाई ।
सन्तन के प्रभु सदा सहाई ॥
दे बीरा रघुनाथ पठाये ।
लंका जारि सिया सुधि लाये ॥
लंका-सौ कोट समुद्र सी खाई ।
जात पवनसुत बार न लाई ॥

Hanumāna Ārati

ārati kījai hanumāna lalā kī |
duṣṭa dalana raghunātha kalā kī ||
jāke bala te girivara kāṁpe |
roga doṣa jāke nikaṭa na jhāṁpe ||
aṃjani putra mahā baladāī |
santana ke prabhu sadā sahāī ||
de bīrā raghunātha paṭhāye |
laṃkā jāri siyā sudhi lāye ||
laṃkā-sau koṭa samudra sī khāī |
jāta pavanasuta bāra na lāī ||

হনুমান আরতি

আরতি কীজৈ হনুমান ললা কী ।
দুর্ষ্ট দলন রঘুনাথ কলা কী ।।
জাকে বল তে গিরিবর কাঁপে ।
রোগ দোষ জাকে নিকট ন ঝাঁপে ।।
অংজনি পুত্র মহা বলদাঈ ।
সন্তন কে প্রভু সদা সহাঈ ।।
দে বীরা রঘুনাথ পঠায়ে ।
লংকা জারি সিয়া সুধি লায়ে ।।
লংকা-সৌ কোট সমুদ্র সী খাঈ ।
জাত পবনসুত বার ন লাঈ ।।

Celebration of Worship for Hanumāna

Make the celebration of worship for the beloved Hanumāna. With the attributes of the Lord of the Raghus, he cuts evil into bits. By his strength mountains tremble. Infirmities or faults cannot approach him. The son of Añjani, he is endowed with great strength. He is the Lord of all His children and always helps. The Lord of the Raghus sent him to bring the herbs. He burned Laṅka and brought news of Sītā. The fortress of Laṅka dissolved into the ocean. The Son of the Wind proceeded without any difficulty.

लंका जारि असुर संहारे ।
सियारामजी के काज सँवारे ॥
लक्ष्मण मूर्च्छित पडे सकारे ।
आनि सँजीवन प्रान उबारे ॥
पैठि पताल तोरि जम कारे ।
अहिरावन के भुजा उखारे ॥
बाँयें भुजा असुर दल मारे ।
दहिने भुजा सन्त जन तारे ॥
सुर नर मुनि आरती उतारैं ।
जै जै जै हनुमान उचारें ॥
कंचन थार कपूर लौ छाई ।
आरति करत अंजना माई ॥

laṃkā jāri asura saṃhāre |
siyārāmajī ke kāja saṁvāre ||
lakṣmaṇa mūrcchita paḍe sakāre |
āni saṁjīvana prāna ubāre ||
paiṭhi patāla tori jama kāre |
ahirāvana ke bhujā ukhāre ||
bāṁyeṃ bhujā asura dala māre |
dahine bhujā santa jana tāre ||
sura nara muni āratī utāraiṃ |
jai jai jai hanumāna ucāreṃ ||
kaṃcana thāra kapūra lau chāī |
ārati karata aṃjanā māī ||

লংকা জারি অসুর সংহারে ।
সিয়ারামজী কে কাজ সঁবারে ।।
লক্ষ্মণ মূর্চ্ছিত পডে সকারে ।
আনি সঁজীবন প্রান উবারে ।।
পৈঠি পতাল তোরি জম কারে ।
অহিরাবন কে ভুজা উখারে ।।
বাঁয়েং ভুজা অসুর দল মারে ।
দহিনে ভুজা সন্ত জন তারে ।।
সুর নর মুনি আরতী উতারৈং ।
জৈ জৈ জৈ হনুমান উচারেং ।।
কংচন থার কপূর লৌ ছাঈ ।
আরতি করত অংজনা মাঈ ।।

He burned Laṅka and destroyed the forces of duality. He completed the work of Sītā and Rāma. In the early morning Lakṣmaṇa fell unconscious. He brought the life giving herb and saved his life. He went to the worlds below where lives the God of Death. Meeting the demon Ahirāvana, he cut off his arms. With his left arm he destroys the forces of duality. With his right arm he takes saintly people across (the ocean of this world). Gods, humans and men of wisdom all perform this celebration of worship. They say, "Victory, victory, victory to Hanumāna!" With a golden plate filled with camphor perform the celebration of worship for Mother Aṅjani to the extent of your desire.

जो हनुमान जी की आरति गावै ।
वसि बैकुण्ठ अमर पद पावै ॥

jo hanumāna jī kī ārati gāvai |
vasi baikuṇṭha amara pada pāvai ||

জো হনুমান জী কী আরতি গাবৈ ।
বসি বৈকুণ্ঠ অমর পদ পাবৈ ।।

आरति कीजै हनुमान लला की ।
दुष्ट दलन रघुनाथ कला की ॥

ārati kījai hanumāna lalā kī |
duṣṭa dalana raghunātha kalā kī ||

আরতি কীজৈ হনুমান ললা কী ।
দুষ্ট দলন রঘুনাথ কলা কী ।।

Whoever will sing the celebration of worship for Hanumāna will reside in Vaikuṇṭha and obtain the goal of immortality.

Make the celebration of worship for the beloved Hanumāna. With the attributes of the Lord of the Raghus, he cuts evil into bits.

	जय जगदीश हरे	**Jaya Jagadīśa Hare**		জয় জগদীশ হরে
१.	जय जगदीश हरे भक्त जनन के सङ्कट क्षणमें दूर करे ॐ जय जगदीश हरे	**1.** **jaya jagadīśa hare bhakta janana ke saṅkaṭa kṣaṇamem dūra kare oṁ jaya jagadīśa hare**	১.	জয় জগদীশ হরে ভক্ত জনন কে সঙ্কট ক্ষণমেং দূর করে ওঁ জয় জগদীশ হরে
२.	जो ध्यावे फल पावे दुःख बिनसे मनका सुख सम्पति घर आवे कष्ट मिटे तनका ॐ जय जगदीश हरे	**2.** **jo dhyāve phala pāve duḥkha binase manakā sukha sampati ghara āve kaṣṭa miṭe tanakā oṁ jaya jagadīśa hare**	২.	জো ধ্যাবে ফল পাবে দুঃখ বিনসে মনকা সুখ সম্পতি ঘর আবে কর্ষ্ট মিটে তনকা ওঁ জয় জগদীশ হরে

Victory to Hari, the Lord of the Universe!

Victory to Hari, the Lord of the Universe, who in but a moment removes all the difficulties of devotees. Victory to Hari, the Lord of the Universe.

Whoever will meditate will receive fruit, all pain will be removed from the mind. Comfort and wealth will come to your home, and all problems will be removed from your body. Victory to Hari, the Lord of the Universe.

३. माता पिता तुम मेरे
शरणा गहूँ किसकी
तुम बिना और न दूजा
आस करूँ जिसकी
ॐ जय जगदीश हरे

४. तुम पूरण परमात्मा
तुम अन्तर्यामी
पारब्रह्म परमेश्वर
तुम सबके स्वामी
ॐ जय जगदीश हरे

3. **mātā pitā tuma mere**
śaraṇā gahūṁ kisakī
tuma binā aura na dūjā
āsa karuṁ jisakī
oṁ jaya jagadīśa hare

4. **tuma pūraṇa paramātmā**
tuma antaryāmī
pārabrahma parameśvara
tuma sabake svāmī
oṁ jaya jagadīśa hare

৩. মাতা পিতা তুম মেরে
শরণা গহূঁ কিসকী
তুম বিনা ঔর ন দূজা
আস করুঁ জিসকী
ওঁ জয় জগদীশ হরে

৪. তুম পূরণ পরমাত্মা
তুম অন্তর্যামী
পারব্রহ্ম পরমেশ্বর
তুম সবকে স্বামী
ওঁ জয় জগদীশ হরে

You are my Mother and Father, whoever takes refuge in you like this; beyond you there is no other. Fulfill my longing. Victory to Hari, the Lord of the Universe.

You are the Supreme Soul from ancient times, you are the Soul within as well. You are the Supreme Divinity and the Lord Supreme. You are everything, oh Master. Victory to Hari, the Lord of the Universe.

५. तुम करुणा के सागर तुम पालन कर्ता मैं सेवक तुम स्वामी कृपा करो भर्ता ॐ जय जगदीश हरे	**5. tuma karuṇā ke sāgara tuma pālana kartā maiṃ sevaka tuma svāmī kṛpā karo bhartā oṁ jaya jagadīśa hare**	৫. তুম করুণা কে সাগর তুম পালন কর্তা মৈং সেবক তুম স্বামী কৃপা করো ভর্তা ওঁ জয় জগদীশ হরে
६. तुम हो एक अगोचर सबके प्राणापति किस विधि मीलहुँ दयामय तुमको मैं कुमति ॐ जय जगदीश हरे	**6. tuma ho eka agocara sabake prāṇāpati kisa vidhi mīlahuṁ dayāmaya tumako maiṁ kumati oṁ jaya jagadīśa hare**	৬. তুম হো এক অগোচর সবকে প্রাণাপতি কিস বিধি মীলহুঁ দয়াময় তুমকো মৈঁ কুমতি ওঁ জয় জগদীশ হরে

You are the ocean of compassion. You are the Protector as well. I am your servant, oh Master. Please give me your grace, oh Beloved. Victory to Hari, the Lord of the Universe.

You are the One Imperceivable, the Lord of all life. How shall I receive your compassion, because I manifest bad behavior. Victory to Hari, the Lord of the Universe.

७. दीन बन्धु दुःख हर्ता
तुम रक्षक मेरे
आपने हात उठाओ
द्वार परा तेरे
ॐ जय जगदीश हरे

7. dīna bandhu duḥkha hartā
tuma rakṣaka mere
āpane hāta uṭhāo
dvāra parā tere
oṁ jaya jagadīśa hare

৭. দীন বন্ধু দুঃখ হর্তা
তুম রক্ষক মেরে
আপনে হাত উঠাও
দ্বার পরা তেরে
ওঁ জয় জগদীশ হরে

८. विषय विकार मिटाओ
पाप हरो देवा
श्रद्धा भक्ति बढाओ
सन्तन की सेवा
ॐ जय जगदीश हरे

8. viṣaya vikāra miṭāo
pāpa haro devā
śraddhā bhakti baḍhāo
santana kī sevā
oṁ jaya jagadīśa hare

৮. বিষয় বিকার মিটাও
পাপ হরো দেবা
শ্রদ্ধা ভক্তি বঢাও
সন্তন কী সেবা
ওঁ জয় জগদীশ হরে

You take away the pain from the afflicted, you are my Protector. Please raise your hands, and open the door to your perception. Victory to Hari, the Lord of the Universe.

Take away all other thoughts, oh Lord who takes away sin. Increase my faith and devotion as a loving service to your children. Victory to Hari, the Lord of the Universe.

रघुपति राघव राजा राम	**Raghupati Rāghava Rājā Rāma**	রঘুপতি রাঘব রাজা রাম
भयहर मङ्गल दशरथ राम जय जय मङ्गल सीता राम	**bhayahara maṅgala daśaratha rāma** **jaya jaya maṅgala sītā rāma**	ভয়হর মঙ্গল দশরথ রাম জয় জয় মঙ্গল সীতা রাম
मङ्गलकर जय मङ्गल राम सङ्गत शुभविभवोदय राम	**maṅgalakara jaya maṅgala rāma** **saṅgata śubhavibhavodaya rāma**	মঙ্গলকর জয় মঙ্গল রাম সঙ্গত শুভবিভবোদয় রাম
आनन्दामृत वर्षक राम अश्रितवत्सल जय जय राम	**ānandāmṛta varṣaka rāma** **aśritavatsala jaya jaya rāma**	আনন্দামৃত বর্ষক রাম অশ্রিতবৎসল জয় জয় রাম
रघुपति राघव राजा राम पतितपावन सीता राम	**raghupati rāghava rājā rāma** **patitapāvana sītā rāma**	রঘুপতি রাঘব রাজা রাম পতিতপাবন সীতা রাম

King Rāma is the Lord of the race of Rāghava.
Daśaratha's son Rāma takes away all fear and grants welfare. Victory, victory to the welfare of Sītā Rāma.
Victory to the Giver of welfare, victory to the welfare of Rāma, who gives rise to purity in every adversity.
Rāma causes a rain of the nectar of Bliss, for those fortunate children who dwell with victory. Victory to Rāma.
King Rāma is the Lord of the race of Rāghava, who purifies the fallen, Sītā Rāma.

मङ्गल दर्शण राजा राम
पतितपावन सीता राम

वरभयधान्रथ राजा राम
पतितपावन सीता राम

शुभ शान्ति विदायक राजा राम
पतितपावन सीता राम

जानकी जीवन राजा राम
सुन्दर माधव मेघश्याम

maṅgala darśaṇa rājā rāma
patitapāvana sītā rāma

varabhayadhānratha rājā rāma
patitapāvana sītā rāma

śubha śānti vidāyaka rājā rāma
patitapāvana sītā rāma

jānakī jīvana rājā rāma
sundara mādhava meghaśyāma

মঙ্গল দর্শণ রাজা রাম
পতিতপাবন সীতা রাম

বরভয়ধান্রথ রাজা রাম
পতিতপাবন সীতা রাম

শুভ শান্তি বিদায়ক রাজা রাম
পতিতপাবন সীতা রাম

জানকী জীবন রাজা রাম
সুন্দর মাধব মেঘশ্যাম

It is such welfare to see the King Rāma, who purifies the fallen, Sītā Rāma.
The King Rāma grants the boon of freedom from fear, who purifies the fallen, Sītā Rāma.
King Rāma grants purity and peace, who purifies the fallen, Sītā Rāma.
The life of the daughter of Janaka (Sītā) is dedicated to the King Rāma, as the beauty of Spring belongs to the dark cloud.

आनीक जिह्वे न करि काम
वद् वद् रासने राम नाम

श्री राम जय राम जय जय राम
श्री राम जय राम जय जय राम

श्री माँ जय माँ जय जय माँ
श्री माँ जय माँ जय जय माँ

ईश्वर अल्ला तेरे नाम
सबको सन्मत्ति दे भगवान

ānīka jihve na kari kāma
vada vada rāsane rāma nāma

śrī rāma jaya rāma jaya jaya rāma
śrī rāma jaya rāma jaya jaya rāma

śrī mām̐ jaya mām̐ jaya jaya mām̐
śrī mām̐ jaya mām̐ jaya jaya mām̐

īśvara allā tere nāma
sabako sanmatti de bhagavāna

আনীক জিহ্বে ন করি কাম
বদ বদ রাসনে রাম নাম

শ্রী রাম জয় রাম জয় জয় রাম
শ্রী রাম জয় রাম জয় জয় রাম

শ্রী মাঁ জয় মাঁ জয় জয় মাঁ
শ্রী মাঁ জয় মাঁ জয় জয় মাঁ

ঈশ্বর অল্লা তেরে নাম
সবকো সন্মত্তি দে ভগবান

This tongue is not able to perform its work, of constantly singing the name of Rāma.
Victory to the Respected Rāma, victory, victory to Rāma. Victory to the Respected Rāma, victory, victory to Rāma.
Victory to the Respected Mother, Shree Mā, victory, victory to Mā. Victory to the Respected Mother, Shree Mā, victory, victory to Mā.
Your names are Īśvara and Allā, oh Supreme Lord grant everyone respect.

जय भजरंवलि जय हनुमान
पतितपावन सीता राम

सीता राम जय सीता राम
भज प्यारे तू सीता राम

रघुपति राघव राजा राम
पतितपावन सीता राम

jaya bhajaraṃvali jaya hanumāna
patitapāvana sītā rāma

sītā rāma jaya sītā rāma
bhaja pyāre tū sītā rāma

raghupati rāghava rājā rāma
patitapāvana sītā rāma

জয় ভজরংবলি জয় হনুমান
পতিতপাবন সীতা রাম

সীতা রাম জয় সীতা রাম
ভজ প্যারে তু সীতা রাম

রঘুপতি রাঘব রাজা রাম
পতিতপাবন সীতা রাম

Victory to He who has a body as strong as a thunderbolt, victory to Hanumāna; who purifies the fallen, Sītā Rāma. Sītā Rāma. Victory to Sītā Rāma. Pray with pure love to Sītā Rāma.

King Rāma is the Lord of the race of Rāghava, who purifies the fallen, Sītā Rāma.